Zu diesem Buch

Politik befaßt sich mit dem, was menschliche Gruppen tun, um ihr Zusammenleben nach innen und ihr Verständnis nach außen zu regeln.

Therapie befaßt sich damit, wie menschliche Individuen ihr inneres und äußeres Verhalten so regeln können, daß sie sich besser fühlen.

Was haben diese beiden Bereiche miteinander zu tun? Etwa: In der Politik wie in der Therapie liegt der Ruf nach einem starken und gütigen Helfer nahe. Wolfgang Schmidbauer geht dieses facettenreiche Thema von den verschiedensten Aspekten her an, denn er fühlt sich in doppelter Weise betroffen: als Staatsbürger und als Therapeut.

Aus dem Inhalt:

- Die Faszination der Gewalt
- Der Psychoanalytiker und das Irrationale
- No nature no future?
- Der Don Juan
- Über den Mißbrauch der Gefühle in der Politik

Wolfgang Schmidbauer, geboren 1941 in München, studierte Psychologie und promovierte 1968 über «Mythos und Psychologie». Tätigkeit als freier Schriftsteller in Deutschland und Italien. Ausbildung zum Psychoanalytiker. Gründung eines Instituts für analytische Gruppendynamik. 1985 Gastprofessor für Psychoanalyse an der Gesamthochschule Kassel; Psychotherapeut und Lehranalytiker in München.

Bei Rowohlt veröffentlichte er:
«Selbsterfahrung in der Gruppe» (rororo 7196)
«Die hilflosen Helfer» (1979)
«Alles oder nichts» (1980)
«Die Ohnmacht des Helden» (1981)
«Helfen als Beruf» (1983)
«Die Angst vor Nähe» (1985)
«Die subjektive Krankheit» (1986)
«Jugendlexikon Psychologie» (rororo 6198)
«Weniger ist manchmal mehr» (rororo 7874)

Wolfgang Schmidbauer

Ist Macht heilbar?

Therapie und Politik

rororo
Rowohlt

Umschlagentwurf Werner Rebhuhn
Originalausgabe

Veröffentlicht im Rowohlt Taschenbuch Verlag GmbH,
Reinbek bei Hamburg, November 1986

Satz Sabon (Linotron 202)
Gesamtherstellung Clausen & Bosse, Leck
Printed in Germany
780-ISBN 3 499 18329 3

Inhalt

Einleitung

Was andere Menschen über uns denken, erfahren wir leider oft nur auf Umwegen und sind dann in einer direkten Auseinandersetzung durch die Loyalität zum Zwischenträger behindert. So habe ich mich auch mit der Meinung eines prominenten Psychoanalytikers beschäftigen müssen, es sei verwerflich von mir, die helfenden Berufe zu kritisieren und dennoch selbst in einem solchen Beruf zu arbeiten. Mehr noch: sowohl mit dem Schlechtmachen der Helfer in Büchern wie auch mit der therapeutischen Tätigkeit Geld zu verdienen, das sei der Gipfel des Zynismus. Ich gebe zu, daß ich dazu neige, aus der Phalanx der Experten herauszutreten, gewissermaßen die Lanze in die Erde zu stecken, mich beiseitezusetzen und für eine Weile mit Notizbuch und Zeichenblock zu beobachten. Aber wenn Zynismus das Verleugnen von Schwäche und Mitgefühl bedeuten soll, das Vermarkten von Widersprüchen, wie bei den Waffenfabrikanten, die zwei Kampfparteien beliefern, dann vermag ich mich in einem solchen Bild nicht wiederzufinden.

Vielleicht kann die Vielfalt der in diesem Taschenbuch enthaltenen Essays zum Thema «Therapie und Politik» deutlicher als die beiden kritischen Bücher über die «hilflosen Helfer» zeigen, daß eine konsequente Reflexion des psychotherapeutischen Expertenstatus neue und differenziertere Formen einer politischen Auseinandersetzung erschließt. Wieviel meine Gesichtspunkte der ökologischen Bewegung verdanken, dürfte ebenfalls deutlicher werden. Der Aufbau führt dabei von den stärker «internen» auf die Psychotherapie und Psychoanalyse bezogenen Überlegungen zu Fragen von allgemeinem Interesse (Sexualität, Autorität, Charakterbilder, Umweltpsychologie). Die verschiedenen Texte sind durchweg von mir noch einmal überarbeitet worden, wobei ich immer von meinem ursprünglichen Manuskript ausging, nicht von einzelnen, bereits veröffentlichten Abschnitten. Ungefähr ein Drittel des hier publizierten Materials ist bisher ungedruckt, darunter auch der Essay über Therapie und Politik, der den Anfang macht. Ich habe ihn während einer Gastprofessur an der Gesamthochschule in Kassel für die Kollegen vom Fachbereich verfaßt und mit ihnen diskutiert. Ihnen, vor allem Ariane Garlichs und Heinrich Dauber, danke ich für die gute (und leider zu kurze) Zusammenarbeit während dieser Zeit, die mir half, über einige Fragen mehr Klarheit zu gewinnen. Der Aufsatz über den Psychoanalytiker und das Irrationale ist von Hans Peter Duerr angeregt worden, der Text über den Mißbrauch der Gefühle in der Politik von Horst Stern. In allen Fällen gebührt ihnen der Dank dafür, daß sie mich auf eine Spur gesetzt haben. Was ich jedoch auf dieser fand, dafür tragen sie keine Verantwortung.

München, Februar 1986
W. S.

1. Therapie und Politik

Politik befaßt sich damit, was menschliche Gruppen tun, um ihr Zusammenleben nach innen und ihr Verhalten nach außen zu regeln – Gemeinden, Städte, Länder, Nationen, Staatenbünde. Therapie befaßt sich damit, wie menschliche Individuen, die sich als gestört oder krank erleben, ihr inneres und äußeres Verhalten so regeln können, daß sie sich besser fühlen. Was haben diese beiden gesellschaftlichen Bereiche miteinander zu tun? In einer Zeit, in der Krankheits-Metaphern viel verwendet werden, um politische Entwicklungen zu beschreiben (etwa «Rüstungswahnsinn»), liegt der Ruf nach einem gleichzeitig starken und gütigen Helfer nahe, der Heilung bringt. Er gleicht ein wenig der Sehnsucht nach dem «starken Mann» oder dem «braccio forte» (italienisch für den «starken Arm»), mit dem wir im Nationalsozialismus und im Faschismus keine guten Erfahrungen gemacht haben. Ich will im folgenden diese Thematik kritisch untersuchen. Die Beziehung zwischen Therapie und Politik läßt sich in vier Bereichen verfolgen:

1. Die *Anwendung* therapeutischer Theorie und Methodik auf politische Probleme.
2. Die den Therapie-Konzepten *innewohnende*, möglicherweise in der Art eines «heimlichen Lehrplans» sich selbst verborgene Politik.
3. Die politische Bedeutung der therapeutischen *Praxis*.
4. Die *Berufspolitik* der Therapeuten.

Alle diese Bereiche hängen miteinander zusammen, doch scheint es sinnvoll, sie zu trennen, um analytische Einsichten zu gewinnen. Ich will im Folgenden zunächst so vorgehen, daß ich Äußerungen von Therapeuten, die mir typisch erscheinen, kritisch überprüfe und ihre möglichen Konsequenzen verfolge.

Auf dem Höhepunkt der Kuba-Krise schlug der Leiter des Psychodrama-Instituts in New York, J. L. Moreno, vor, Kennedy und Chruschtschow sollten mit ihm psychodramatisch arbeiten, um ihren Konflikt zu bewältigen. Die politischen Folgen dieser Aufforderung sind mir nicht bekannt. In Therapeutenkreisen wird sie manchmal als Hinweis auf «manische» oder «größenwahnsinnige» Züge in Morenos Persönlichkeit gedeutet – wohl ein Hinweis auf Zusammenhänge mit Punkt 4 (im Sinn der Rivalität konkurrierender therapeutischer Schulen und Konzepte).

Zur Zeit des Höhepunkts der Proteste gegen die Nachrüstung mit Pershing-Raketen in Westdeutschland schrieb der Herausgeber der Zeitschrift «Integrative Therapie», Hilarion Petzold, im Editorial eines Heftes über Psychotherapie und Friedensarbeit: «Warum scheuen sich Psychotherapeuten, Atomrüstung als Ausdruck von gemütloser Psychopathie zu kennzeichnen?, warum den ‹Krieg der Sterne› als gefährliche Grandiositätsphantasie von Frühgestörten zu demaskieren? Warum analysieren sie nicht die Biographien der lebenden Potentaten (die Pathographie Hitlers kam zu spät), wo doch heutzutage die Lebensdaten unserer Regierenden offen und leicht zugänglich sind? Mir ist keine psychoanalytische bzw. psychotherapeutische Studie zur Charakterstruktur von Spitzenpolitikern bekannt! Wenn Psychotherapie eine Legitimation finden kann, dann hier.»*

Dem Psychiater Ernst Kretschmer wird folgender Spruch über die Psychopathen zugeschrieben: «In Friedenszeiten diagnostizieren wir sie, in Kriegszeiten regieren sie uns.»

Nachdem wir inzwischen in einer Zeit der kriegerischen Friedenszeiten oder der kalten Kriege leben, ließe sich Kretschmers Ausspruch zusammenfassen: Wir diagnostizieren sie, und sie regieren uns. Gut gemeint, drücken Vorschläge wie die von Moreno und Petzold in wissenschaftlicher Sprache dasselbe aus wie die sogenannte Stammtischpolitik. Wie wollten wir die öffentlichen Dinge lenken, wenn wir nur die Macht hätten! Da wir sie nicht haben, bleibt das

* *H. Petzold, Integrative Therapie 4/1984, 10. Jg., S. 292*

Sprechen und Planen Phantasie. Solche Phantasien mögen eine entlastende Bedeutung haben. Sie mildern den Druck der Ohnmacht angesichts überwältigender Strukturen. Aber damit schlagen sie letztlich eher als unpolitische, d. h. nicht öffentlichkeitswirksame Äußerungen zu Buche. Sie werden nicht ernst genommen und mindern die öffentliche Geltung derer, die da ohne jedes Empfinden für Machtverhältnisse und Wirklichkeiten ihre Patentrezepte verkaufen wollen. In den westlichen Demokratien, zu deren Struktur solche Äußerungen psychosozialer Experten gehören, ist die öffentliche Geltung ein sehr empfindliches Gut. (In den sogenannten sozialistischen Ländern habe ich noch keine Anzeichen eines solchen Anspruchs psychotherapeutischer Experten gesehen. Wo die Politik ideologisch geordnet ist, muß die Therapie ihren emanzipatorischen Anspruch durchweg an sie abtreten.)

Neben diesen Einwänden lassen sich noch andere erheben. Versteht sich eine Therapierichtung wie die Psychoanalyse nicht nur als Hilfe bei neurotischen Störungen, sondern als eine kritische Theorie menschlicher Subjektivität, dann kann sie ihren Geltungsbereich nicht unbegrenzt ausweiten, will sie nicht unglaubwürdig werden. Das subtile Instrument des analytischen Dialogs ist nicht geeignet, Widerstände zu brechen, wie es die rohen Waffen des politischen Kampfes zumindest in seinen bisherigen Formen vorgeben. Das heißt, daß man nicht dem amerikanischen Präsidenten und den hinter ihm stehenden Rüstungs-Lobbies gerecht wird, wenn man ihr Verhalten mit dem frühgestörter Patienten vergleicht, die sich grandiosen Allmachtsphantasien vom Sternenkrieg hingeben. Sondern man wird nur den Patienten ungerecht, bei denen sich durch einen von wechselseitiger Einfühlung getragenen Dialog der Zusammenhang zwischen ihrem Größenselbst und ihrem Kindheitsschicksal herstellen läßt. Denn solche Einsichten über Entwicklungszusammenhänge menschlicher Subjektivität gewinnen ihren Sinn nicht durch das Urteil eines überlegenen Fachmanns über einen Patienten, der nur Material liefert, sondern durch wechselseitiges Einverständnis im Rahmen einer zwischenmenschlichen Beziehung. Wer dort sinnvolle Begriffe in Waffen des politischen Kampfes umschmieden will, gibt den emanzipatorischen Gehalt auf und fällt auf eine beklagenswerte, in der Psychiatrie verbreitete Umgangsform mit anderen Menschen zurück, in denen ein Experte seine Opfer klassifiziert und damit versachlicht.

Die öffentlichen, d. h. politischen Folgen solcher Versuche habe ich bereits angedeutet. Der Therapeut wird zum Narren, weil er durch sein eigenes Verhalten das öffentliche Vorurteil zu bestätigen scheint, daß sich Irrer und Irrenarzt sowieso nur durch den weißen Kittel und den Besitz des Hausschlüssels unterscheiden. Er beweist, daß er in einem Schonraum, einer Nische lebt, in der er Narrenfreiheit hat, die er aber nicht überschreiten darf, weil er sich in der Öffentlichkeit nicht zurechtfindet und mit ihr nicht umgehen kann.

«Infolge ihrer unbewältigten Allmachts- und Größenphantasien scheitert jede neue Elterngeneration daran, ihre Kinder bei der Integration der Aggressivität zu unterstützen. Damit wird diese Pathologie ewig neu reproduziert. Aber die Folge sind nicht etwa nur stereotyp wiederkehrende Erziehungsschwierigkeiten, sondern darüber hinaus gesellschaftliche Fehlentwicklungen von größter Tragweite ... In psychoanalytischer Sicht bedeutet das Abschreckungsdogma einen Rückfall auf das Denksystem der analsadistischen Entwicklungsstufe: In dieser primitiven Perspektive kann man sich als Mittel zur Friedenssicherung nur die unfriedlichsten aller Instrumente vorstellen.» *

Während Moreno die Politiker mit direkter psychologischer Einflußnahme zur Räson bringen will, spricht Horst-Eberhard Richter für eine Bewegung «von unten» und fordert aktive Teilnahme an politischen Initiativen der Friedensbewegung, verbunden mit einer Aufklärung über die psychologischen Hintergründe der Friedlosigkeit. Sie definiert er (nach einer Anregung Carl Friedrich von Weizsäckers) als «seelische Krankheit». Neben meiner Solidarität für Richters (standes)politische Forderungen, wie etwa die Verweigerung einer atomkriegsbezogenen Fortbildung von Ärzten, finde ich viele seiner Aussagen widersprüchlich. Richter vermischt immer wieder «Basis» und «Überbau», strukturelle Gegebenheiten und psychologische Entwicklungen. Damit entsteht ein ahistorischer Generationskreis, dessen tödliche Konsequenz eine zwar den «Got-

* *H.-E. Richter, Zur Psychologie des Friedens, Reinbek (Rowohlt) 1984, S. 51, 61*

teskomplex» analysierende, diese Analyse jedoch nicht auf sich selbst anwendende Psychoanalyse zu durchbrechen verspricht – wodurch? Durch moralische Aufforderung, durch Appell an das Gewissen, beides schätzenswerte bürgerliche Maßnahmen, die aber nicht eben viel Selbstreflexion ausdrücken.

Verstehen wir die hochgerüsteten Supermächte besser, wenn wir sie mit dem anal-sadistischen Kind in seinem Machtkampf mit den Eltern vergleichen, das die eigene Aggression auf sein Gegenüber projiziert? Subjektiv schwanken wir zwischen Allmachts- und Ohnmachtsgefühlen. Objektiv haben wir eine geringe, individuell verschiedene Einflußmöglichkeit. Beides sollte getrennt untersucht werden, um nicht unklar zu werden. Richter hingegen versucht, dem einzelnen Leser einen Cocktail aus diesen subjektiven und objektiven Bedingungen zu verabreichen mit dem gutgemeinten Ziel, ihn sowohl mit der Bedrohung zu konfrontieren, wie ihm Mut zum Handeln zu machen. So wird vieles, was er sagt, mythisch – großartig und unbestimmt:

> «Die winzige Rolle, in der die nivellierten Wesen in der Masse mitfunktionieren, macht sie blind dafür, welche ungeheuere Gefahr in der millionenfachen Bündelung der abgespaltenen destruktiven Triebkräfte liegt, die in archaischer Weise längst in die große Politik eingebrochen sind und auf den Weg unserer Zivilisation einen verhängnisvollen Einfluß gewonnen haben.»*

Nach dem Allmachts-Angebot, mit dem Moreno Kennedy und Chruschtschow auf den Weg des Friedens zurückbringen wollte, finden wir hier ein Allwissenheitsangebot. Wenn die Öffentlichkeit nur dem Psychologen zuhören wollte, könnte er ihr genau erklären, worin die Krankheit Friedlosigkeit begründet liegt – in welchen Tiefen der Subjekte welche abgespaltenen, destruktiven Kräfte ihre Macht auf die Politik ausüben. Hier treten an die Stelle wissenschaftlicher Aussagen poetische Metaphern, die sich in ihrer Ausdrucksform an eine wissenschaftliche Sprache anlehnen, als ob politisches Handeln durch solche Sprachformen legitimiert werden müßte. Damit gerät Richter in einen Widerspruch, den er an anderen Stellen durchaus aufgreift: daß nämlich die Hoffnung trügen muß, Experten könnten und würden Kraft ihrer Sachautorität die

* *Richter, a.a.O., S. 55*

Rüstungsdynamik bremsen. Um die militarisierte Politik zu humanisieren, sollen sich die therapeutischen Experten nicht mehr in Kulturgettos um ihre humanitären Ideale kümmern, sondern sich praktisch-politisch einmischen, fordert Richter. Wichtig scheint mir, sich hier bewußt zu machen, daß im Werben für die Politisierung der Therapeuten ein Psychoanalytiker Umgangsformen übernimmt, die eine Regression auf voranalytische Leitbilder (den ärztlichen oder priesterlichen Rat) enthalten.

«Die Psychoanalyse war von Anfang an sowohl eine revolutionäre Theorie als auch eine Theorie der Revolution.»*

Thea Bauriedl beruft sich auf die psychoanalytischen «Revolutionäre» Otto Groß und Wilhelm Reich. Sie zitiert eine Aussage von Otto Groß, die unmittelbar an die Forderungen von Richter anknüpft:

«Die Psychologie des Unbewußten ist die Philosophie der Revolution … sie ist berufen, zur Freiheit innerlich fähig zu machen, berufen als die Vorarbeit der Revolution … Es ist jetzt möglich geworden, sich selbst zu erkennen. Damit ist eine neue Ethik geboren, die auf dem sittlichen Imperativ zum wirklichen Wissen um sich und um den Nächsten beruhen wird.»**

Mir scheint bereits der Ausgangspunkt problematisch. Die Psychoanalyse hat sich in der von Freud begründeten Form nicht revolutionär gegen die bürgerliche Gesellschaft gerichtet. Sie hat eher versprochen, den unerfüllbaren Anspruch dieser Gesellschaft doch noch zu ermöglichen (als analytische Therapie), die desintegrierenden Folgen der Sexualverdrängung zu mildern. Als kritische Theorie des Subjekts ist sie keineswegs eine kritische Theorie der Gesellschaft, wie Freuds eigene Äußerungen vielfach belegen. Bauriedl überschätzt die «revolutionäre» Potenz von Gefühls- und Triebbefreiungen. Die Konsumgesellschaft ist fähig, gerade die Aufhebung emotionaler Hemmungen zu einem letztlich nur subtileren Unterdrückungsgeschäft zu machen. Bauriedl tadelt an Groß und Reich, daß sie die Konsequenzen der psychoanalytischen

* *Th. Bauriedl, Geht das revolutionäre Potential der Psychoanalyse verloren? In Psyche 6/1984, 38, S. 489*

** *zit. n. Bauriedl, a.a.O., S. 490*

Theorie in revolutionären Handlungsanweisungen suchten, womit sie der bürgerlichen Unterdrückungsideologie eine neue Ideologie entgegensetzten. Damit wurde durch das Mittel (Stiftung einer Ideologie) die Erreichung des Zieles (Befreiung von Ideologien) unmöglich gemacht. Die gescheiterten psychoanalytischen Revolutionäre haben danach gestrebt, das Herr-Knecht-Verhältnis umzukehren, statt zu versuchen, es aufzuheben. Dies sei aber, so Bauriedl, der eigentliche, emanzipatorische Auftrag der Psychoanalyse: «Revolution als Erkennen und Auflösen der eigenen Beteiligung an der Unterdrückung.»

Mir scheint, daß auch in dieser Auffassung Reste der therapeutischen Allmachtsvorstellung aufzufinden sind. Durch einen eher selbstquälerischen, nicht mehr nach außen, sondern gegen die Therapeuten (bzw. mit dem «dialektisch-emanzipatorischen Prinzip» Identifizierten) gerichteten Impuls scheint diese Allmachtsvorstellung gemildert. Aber die in Freuds Motto steckende Grandiosität «Flectere si nequeo superos, acheronta movebo» beansprucht auch Bauriedl für sich: «Ich brauche die Oberen, die ‹Feinde› nicht zu beugen, wenn ich es zulassen kann, daß sich meine Unterwelt bewegt.»* Während sich bei Moreno der Therapeut anbietet, im großen Politik-Theater als Psychodrama-Leiter die von allen ersehnte und von keinem gefundene Lösung zu bringen, unterzieht er sich bei Bauriedl selbst dem schmerzhaften Emanzipationsprozeß und verändert dadurch die Politik. Man könnte das erste das Gottvater-Prinzip nennen, das zweite das Gottsohn-(oder -tochter)-Prinzip. In beiden Fällen wird die bürgerlich-individuelle Omnipotenzvorstellung geweckt, im zweiten allerdings zu ihrer ständigen eigenen Aufhebung bestellt. Daher gibt es für Bauriedl auch nur einen *unberechtigten* Vorwurf des Psychologisierens. Man kann sozusagen nicht genug psychologisieren:

> «Wendet ein Psychoanalytiker dieses Prinzip außerhalb des Rahmens seiner therapeutischen Tätigkeit an, indem er versucht, etwa in irgendwelchen Verhandlungen, in wissenschaftlichen Diskussionen oder auch im Kollegenkreis ein bestimmtes Verhalten auf die Konfliktlage der sich verhaltenden Person zu beziehen, d. h. die Person – vielleicht sich selber – hinter dem Verhalten wieder erkennbar zu machen, dann trifft ihn oft der Vorwurf des Psychologisierens. Dieser Vorwurf und die hinter ihm stehende Angst ma-

* *Bauriedl, a.a.O., S. 502*

chen deutlich, wie bedrohlich intrapsychisch und interpsychisch das Erkennen von Konflikten als Grundlage von Verhalten ist.»[1]

Bauriedl möchte mit ihrer Forderung, das Herr-Knecht-Verhältnis durch Erkennen der eigenen Beteiligung daran aufzulösen, nicht in die (naheliegende) Verwandtschaft zu dem Prinzip geraten, die Schuld bei sich selbst zu suchen und nicht jemand anderem zuzuschreiben. Sie möchte, daß Schuldzuschreibung überhaupt aufhören kann, weil nicht mehr entschieden werden muß, wer «krank» oder «schuld» ist, Individuum oder Gesellschaft, Patient oder Eltern.

Dem meiner Ansicht nach naiven Optimismus, daß politisches Engagement sich nicht als Verhalten, sondern als Beziehung zur Umwelt verstehen läßt, setzt Bauriedl gar noch hinzu, daß – dialektisch-emanzipatorisches Vorgehen des Psychotherapeuten vorausgesetzt – auch die Patienten «automatisch kritischer und damit auch politisch engagierter» werden.[2] Und weil Fürstenau einmal gesagt hat, die Psychoanalyse sei «trotz ihrer umfassenden Perspektive auf die gesellschaftlich-geschichtliche Welt des Menschen ... nicht politisch anwendbar im Sinne einer Verwertung für kollektive Neunormierungen menschlicher Lebensverhältnisse»[3], wird ihm vorgehalten, er arbeite «pädagogisch und manipulativ», wodurch er «die bestehenden Verhältnisse aufrechterhält».[4]

Daß Bauriedl hier zu den alten Feindbildern greift und nicht von ihren Ängsten vor dieser Auffassung der Psychoanalyse spricht, wie es ihrer selbstgesetzten Vorgabe entspräche, gehört zu den Widersprüchen, die in dem Land zwischen Therapie und Politik siedeln wie Disteln auf Bahndämmen. Weder die psychoanalytische Theorie noch die psychotherapeutische Praxis lassen sich ohne solche Widersprüche in ein grundsätzlich emanzipatorisches Geschehen umwandeln. Dabei scheint mir Parins vorsichtiger Versuch, «Gesellschaftskritik im Deutungsprozeß»[5] unterzubringen, aussichtsreicher als Bauriedls Beziehungsanalyse.

[1] *Bauriedl, a.a.O., S. 503*
[2] *Bauriedl, a.a.O., S. 512*
[3] *zit. n. Bauriedl, a.a.O., S. 512*
[4] *Bauriedl, a.a.O., S. 512*
[5] *P. Parin, Der Widerspruch im Subjekt, Frankfurt 1978*

Parin erinnert den Analytiker daran, daß er auch ein kritischer Intellektueller sein und Aufklärung betreiben soll, indem er die Einflüsse der Makrosozietät aufgreift und z. B. schichtspezifische Verhaltensmuster klärt. Das heißt auch, daß eine materialistische Gesellschaftstheorie eine wichtige Grundlage der analytischen Arbeit ist. Sie enthält Möglichkeiten, auch die eigene Rolle als bürgerlicher Experte kritisch zu reflektieren, wie sie Bauriedl anscheinend nicht wahrnimmt. Sie sieht hier nur die Gefahr, daß der linke Psychoanalytiker, statt auf den natürlichen Auftrieb des Unbewußten zu vertrauen, Macht ausübt und ideologische Vorstellungen suggeriert. Obschon ich mir das schwer vorstellen kann und auch Bauriedls Literaturnachweis für dieses Vorgehen (nämlich Holzkamps «Kritische Psychologie») nicht verstehe, finde ich das praktische Vorgehen schwierig. Auch ich hoffe, daß z. B. die Beschäftigung eines depressiven CSU-Stadtrats mit seinem Kindheitsschicksal als Flüchtling dazu führen kann, daß er seine politischen Positionen weniger doktrinär vertritt. Aber mir ist klar, daß meine therapeutische Priorität darin liegt, die Beziehung zu meinem Klienten aufrechtzuerhalten. Das heißt auch, daß ich mich sehr wenig «emanzipatorisch» und oft sehr «systemstabilisierend» erlebe. Leider gibt Bauriedl keine Fallbeispiele, die einen praktischen Eindruck von dem vermitteln, was sie für emanzipatorisch hält. Ich vermute aber, daß sich ihre Praxis weniger von meiner unterscheidet als ihre Deutung dieser Praxis. Eine materialistische Gesellschaftstheorie mit ihrer Einordnung der problematischen Position des Intellektuellen erleichtert mir das Verständnis des Mißverhältnisses zwischen meinen Wünschen, z. B. politische Einstellungen zu verändern, und den kleinen Schritten, die tatsächlich möglich sind, wenn man nicht den emotionalen Kontakt und das therapeutische Arbeitsbündnis (die ja beide zwei Seiten einer Medaille sind) verlieren will. Es wäre schön, wenn Therapeuten – wie Bauriedl behauptet – das bestehende System der Industriegesellschaften (die als einzige diesen Berufsstand hervorgebracht haben) dadurch verändern könnten, daß sie in den kleinen Systemen der von ihnen behandelten Klienten, Paare, Gruppen dafür sorgen, daß «entsprechende lebenserhaltende Maßnahmen noch rechtzeitig möglich werden», weil «der Wunsch zu leben und die Angst vor der realen Bedrohung im kollektiven Bewußtsein und im Bewußtsein jedes einzelnen so deutlich zugelassen werden».* Aber leider scheint es mir oft so, daß wir uns und unseren Überzeugungsgenossen immer nur unser kritisches Bewußtsein bestätigen, aber darüber hinaus nur sehr geringe Wirkungen entfalten. Und ich halte es für besser, sich zu fragen, wie diese geringen Wirkungen verbessert werden können, als alles, was wir tun, bereits als Schritte auf dem richtigen Weg auszugeben, weil wir ja die «emanzipatorische Beziehung» zu unserer Umwelt haben oder doch anstreben.

Ein elementarer politischer Bezug ergibt sich für den Therapeuten wie für jeden anderen Spezialisten daraus, daß er die Notwendigkeit seiner Existenz öffentlich rechtfertigen muß. Solche Legitimationen sind vielfältig und abgestuft. Oft reicht allein das Angebot einer begehrten Ware (wer Brot bäckt, wird vom Hungrigen nicht nach seinem Meisterbrief gefragt). In der differenzierten bürgerlichen Gesellschaft haben sich viele Regeln und Einschränkungen entwickelt. Vorgeblich oder tatsächlich um die Qualität der Arbeit zu sichern, gewiß auch, um eine stabile Verteilung von Ressourcen und Macht zu erreichen, wurde z. B. die handwerkliche Produktion in Zünften organisiert. Durch die Entwicklung der kapitalistischen Industriegesellschaft sind noch viel kompliziertere Geflechte beruflicher Legitimation entstanden, in denen zum Beispiel Schulen, Hochschulen, Krankenhäuser, ständische Kammern (zum Beispiel Ärztekammer), Behörden (Gesundheitsämter), öffentlich-rechtliche und private Organisationen (z. B. Krankenkassen) zusammenwirken. Nur wer die Legitimationsansprüche dieser Einrichtungen erfüllt, kann in einem modernen Industriestaat Psychotherapie betreiben.

Doch ist diese bürokratische Rechtfertigung nicht die einzige Form. Sie bietet zwar relativ starre, oft nahezu unverlierbare Privilegien, aber sie muß durch eine mehr oder weniger deutliche Einwirkung auf die Öffentlichkeit auch aufrechterhalten werden. Zum Beispiel werden die Gymnasiallehrer oder die Ärzte durch ihre Standesvertretungen protestieren, wenn ihr öffentliches Ansehen in Frage gestellt wird, obwohl sie keine unmittelbaren, sondern allenfalls nur

* *Bauriedl a. a. O., S. 513*

sehr langfristig wirkende Nachteile zu befürchten haben. In diesem Zusammenhang ist auch eine Trennungslinie bedeutsam, die sich zwischen Gruppen von Experten ziehen läßt, die etwas vermehren sollen (zum Beispiel Wissen, technisches Können usw.), und einer anderen Gruppe, die etwas vermindern oder einschränken soll (zum Beispiel Krankheit oder Kriminalität). Die Experten der ersten Gruppe müssen sich vor allem dann erhöhten Legitimationsansprüchen stellen, wenn sie von anderen Staaten übertroffen werden (zum Beispiel Sputnikschock). Die Experten der zweiten Gruppe – und zu ihnen gehören die Therapeuten – stehen in einem unlösbaren Dilemma. Um sich selbst zu legitimieren, muß das gesellschaftliche Übel, das sie bekämpfen, von ihnen gleichzeitig vermindert werden und fortbestehen.

Die Dynamik solcher Legitimationen ist meines Erachtens ein wesentlicher Grund für die politische Unbeweglichkeit der Industriegesellschaften, die ihrem rasanten technischen Fortschritt Hohn zu sprechen scheint, tatsächlich aber eng mit ihm verknüpft ist. Subjektiv werden die Experten so sozialisiert, daß ihnen der Verzicht auf Privilegien unmöglich scheint. Ihr starres Festhalten lähmt dann ihre gesellschaftliche Wirkung. (Z. B. sind Rüstungsexperten um so notwendiger, je mehr der Gegner rüstet, obwohl ihre eigentliche Aufgabe doch darin liegt, sich überflüssig zu machen.) Die übliche Lösung dieses Legitimationswiderspruchs bei Therapeuten sieht so aus, daß sie ihren Expertenstatus eher verleugnen und das von ihnen behandelte Problem der seelischen Störungen individualisieren, d. h. aus seinem gesellschaftlichen Kontext herauslösen. (Diese Aussage ist natürlich extrem verkürzt: es handelt sich nicht um willentliche Entscheidungen, sondern um die Entwicklung von Theorien, die sich meist als «wissenschaftliche» Untersuchung eines Ausschnitts der gesellschaftlichen Wirklichkeit darstellen.) Das Individuum, vielleicht noch seine Eltern oder seine Ehepartner sind Gegenstand der therapeutischen Aufmerksamkeit. Die vermittelten Inhalte als Produkte der gesellschaftlichen Umwelt treten gegenüber den Formen zurück – war die Mutter einfühlend?, der Vater streng?

Der Experte muß in seiner Sozialisation lernen, die eigene Unterwerfung unter einen Legitimationszusammenhang, der ihm aufgezwungen ist, auszublenden. Seine Aufmerksamkeit richtet sich darauf, wie weit sich der Klient auf die «Übertragung» oder «therapeutische Beziehung» einläßt und was innerhalb dieses relativ geschützten Rahmens an heilsamen Erfahrungen möglich ist. Zu dieser Sozialisation paßt, was sich an den oben untersuchten politischen Äußerungen von Petzold, Richter, Moreno und Bauriedl feststellen ließ: die Neigung, die Gesellschaft eher als den eigenen Klienten aufzufassen, Politiker zu deuten, und nicht die eigenen Anpassungs- und Legitimationszwänge zu politisieren.

Sicherlich erleidet der Therapeut eine narzißtische Einbuße, die ihm als Experten schwer erträglich scheinen mag, wenn er wie jeder andere Bürger Politik z. B. als Parteiarbeit macht und auf die Vorrechte seiner Position verzichtet. Für ihn ist dieser Schrumpfungsprozeß vielleicht sogar besonders schwierig, ist er doch wenig geübt, Ablehnung und Widerstand gegen seine Position hinzunehmen. Seine Praxis übt insofern einen verwöhnenden Einfluß auf ihn aus, weil der hilfesuchende Klient bereit ist, weit mehr von den Anschauungen, Deutungen, offenen oder versteckten Gedanken des Therapeuten zu übernehmen als der politische Gegner, ja selbst der Gesinnungsgenosse. Daher gehört zum heimlichen Schicksal der politischen Verhaltensweisen von Therapeuten der gekränkte Rückzug vielleicht noch mehr als der engagierte Auftritt.

Wer die Länge eines Marsches kennt, wird größere Aussicht haben, sein Ziel zu erreichen, als jemand, der die Strecke verkürzt, weil er sich sehnlichst wünscht, rasch anzukommen. Mir scheint, daß dieses Gleichnis für die subjektiven Schwierigkeiten einer Verwirklichung politischer Vorstellungen bei Therapeuten nützlich ist. Die Ansätze von Richter und Bauriedl sind gegenüber den alten Sexpol-Konzepten Reichs oder den psychodramatischen Rezepten Morenos realistischer und erfolgversprechender. Beide betonen ausdrücklich den Verzicht auf schnelle Lösungen und die ständige Auseinandersetzung mit eigenen Ängsten und Zweifeln. Ich hoffe, daß mein Bemühen um Verständnis und Solidarität hinter meiner Kritik deutlich geblieben ist. Die Orientierung an dem gemeinsamen Ziel, Leben und Lebensvielfalt auf diesem gefährdeten Planeten zu erhalten, sollte alle therapeutischen Berufe verbinden und der Gefahr vorbeugen, Sündenböcke für die von allen gemeinsam zu tragende, geringe Einflußmöglichkeit zu suchen und in die Wüste zu schicken.

So scheint es mir für eine politische Auffassung der therapeutischen Praxis wesentlich, den Fehler zu vermeiden, einer «guten» Gruppe der Engagierten die «böse» Gruppe der Passiven und Abstinenten gegenüberzustellen (eine Neigung, die mir zumindest Richter nicht fremd zu sein scheint). Denn es gibt auch gemeinsame Ziele, die alle Therapeuten politisieren könnten. Eines wäre der Kampf gegen die in amerikanischen Wahlfeldzügen öffentliche, hierzulande wohl eher heimliche Disqualifizierung politischer Gegner oder Rivalen durch Hinweise auf eine psychiatrische oder psychotherapeutische Behandlung. In unserer Psychoszene begegnen wir nur selten den krassen Vorbehalten und Vorurteilen, die in den Machtstrukturen immer noch herrschen. Sie verhindern aber, daß Therapeuten politisch ernst genommen werden. Seelisches Leistungsversagen (zum Beispiel eine Depression) wird in unserer Gesellschaft immer noch vorwiegend moralisch bewertet, als Unzuverlässigkeit, Geistes- oder Mannesschwäche. Solche Meinungen zu bekämpfen, ist eine wesentliche politische Aufgabe des Therapeuten. Seine Rolle ist insofern oft schwierig, weil er einerseits seinen Expertenauftrag erfüllen soll, der Gesellschaft die unmittelbare Auseinandersetzung mit abweichendem, «verrücktem» oder «versagendem» Verhalten zu ersparen. Andrerseits lebt der Therapeut ständig in Gefahr, mit dem identifiziert zu werden, was er behandeln soll, wie ein Werkzeug, das radioaktives Material handhabt und am Ende selbst für verseucht erklärt und weggeworfen wird. Als kürzlich in München ein Psychiater von seinen beiden Söhnen brutal umgebracht wurde, weil diese sich von ihm verfolgt fühlten und keine andere Wahl zu haben glaubten, griffen die Massenmedien die offensichtlich wahnhaften Beschuldigungen als «real» auf und erklärten das Verhalten der Söhne zu einem «normalen» Umgang mit dem «Psychoterror» von seiten des Vaters. (Da ich einen Teil der in diese Tragödie verwickelten Personen kannte, glaube ich mich zu dieser Auffassung berechtigt: wie immer bei solchen Konflikten tragen alle Beteiligten zu ihnen bei, aber die Richtung der Sündenbocksuche verrät viel über das öffentliche Bewußtsein.)

Den Spruch Kretschmers abwandelnd, könnte man sagen: In gewöhnlichen Situationen behandelt der Therapeut Kranke, in auffälligen Situationen ist er selbst nicht mehr von diesen zu unterscheiden. Es ist z. B. unwahrscheinlich, daß jemals ein Psychotherapeut eine führende Position in einer ärztlichen Standesvertretung außerhalb seiner eigenen Berufsgruppe erhält oder daß ein Psychoanalytiker zum Rektor einer Universität gewählt wird. Die gesellschaftliche Abständigkeit und die Vorurteile gegenüber abweichendem Verhalten stecken die damit befaßten Experten auf subtile Weise an. Reformen wie etwa die der Psychiatrie in Italien, wo die Ärgernisse abweichenden Verhaltens wieder der Öffentlichkeit zurückgegeben werden sollten, sind immer auch ein wichtiger Schritt zu einer Politisierung der betroffenen Experten.

Betrachten wir den Umgang der Therapeuten mit dieser Situation, so kommen wir auch zum letzten Punkt: unserer Berufspolitik. Sie ist vielfältig und verwirrend, die verschiedensten Gruppen konkurrieren miteinander um die Gunst der Öffentlichkeit (die leicht zu erreichen und launisch ist) und um die Durchsetzung gegenüber der Bürokratie (die ihre Entscheidungen um so langsamer trifft, je mehr Interessen sie auf einen Nenner bringen muß). Merkwürdig mag es einen anmuten, daß eben jene Psychodrama-Leiter (um ein Beispiel zu erfinden, das durchaus auch passiert sein könnte), die sich anbieten, in der UNO-Arena erfolgreiche Konfliktlösung zu exerzieren, gruppeninterne Schwierigkeiten oder Konflikte mit anderen Therapierichtungen keineswegs so glatt bewältigen.

Ich habe schon darauf hingewiesen, daß die dauernde Verwöhnung der therapeutischen Situation dazu führen mag, die Toleranz für Konflikte zwischen Gleichgestellten zu vermindern. Vorbildliche zwischenmenschliche Umgangsformen sucht man hier jedenfalls manchmal vergeblich – nicht viel anders, als es in anderen, hochidealisierten Bevölkerungsgruppen sein mag (zum Beispiel unter kritischen Intellektuellen oder unter Christen). Aber hier ergibt sich auch ein konkretes Wirkungsfeld. Alles, was eine möglichst übergreifende Solidarität der verschiedenen im therapeutischen Bereich tätigen Gruppen ermöglicht, wird die öffentliche, d. h. politische Position dieser Gruppen festigen. Alles, was nach kleinlichem Gezänke zwischen Ärzten und Psychologen, Pädagogen und Sozialarbeitern aussieht, wird das öffentliche Ansehen schwächen und es den politisch Einflußreichen erleichtern, mit kritischen oder protestierenden Einwirkungen aus diesem Bereich fertig zu werden. Andrerseits können solche Argumente auch zu einer inneren Unterdrückung mißbraucht werden.

Die auch für Außenstehende verständlichen Rivalitäten zwischen standespolitischen Gruppen (etwa Ärzten, Krankenschwestern, Psychologen, Sozialarbeitern) werden im Therapiesektor noch dadurch kompliziert, daß es «Schulen» gibt, die solche Differenzen umgestalten und zu schwer durchschaubaren Bündnissen führen (wenn zum Beispiel psychoanalytisch ausgebildete Ärzte und Nichtärzte gemeinsam gegen die Zulassung von Gestalttherapie zur kassenärztlichen Versorgung kämpfen). Solche Phänomene weisen darauf hin, daß in diesem Bereich die Universitäten und Fachhochschulen nicht die berufsprägende Kraft entfalten, die ihnen in anderen gesellschaftlichen Bereichen zukommt. Mir scheint, daß die z. B. der Psychoanalyse innewohnenden gesellschaftskritischen und emanzipatorischen Möglichkeiten besser in konkrete Berufspolitik umgesetzt werden könnten, wenn die heute sehr eingeschränkten Chancen für Nicht-Ärzte und Nicht-Psychologen wieder stärker genutzt würden, als sogenannte «Laienanalytiker» tätig zu werden. Eine gründliche Kritik unserer geschlossenen Berufs- und Expertensysteme sollte auch an diesem Punkt ansetzen. In unserem begrenzten standespolitischen Bereich gibt es also konkrete Schritte, die mehr Kreativität in einem erstarrten System ermöglichen. Der Sinn solcher Schritte sollte nicht an großen gesellschaftlichen Perspektiven gemessen werden, sondern an einer Bereicherung unserer Alltagswelt, die unsere politische Kultur bestimmt.

2. Die Faszination der Gewalt

Der Frieden hat gute Theorien, aber eine schlechte Praxis. Alle reden von ihm, und je mehr er im Munde geführt wird, desto weniger scheint es ihn zu geben. Es kostet mich daher Überwindung, etwas zu diesem Thema zu schreiben: die Vernunft des einzelnen scheint ohnmächtig gegenüber einem System, das rational zu funktionieren vorgibt und Mehrfachsprengköpfe produziert. Wie schön wäre es, im Räsonieren über einen angeborenen oder erlernten Aggressionstrieb sich Lösungen zu versprechen – Scheingefechte auszutragen, wo die tatsächlichen Gefahren nicht auf einer Ebene individueller Triebe zu finden sind. Das ist doch gerade das Vertrackte: die persönlichen «guten Eigenschaften», wie Kontrolle von Jähzorn, Faulheit, Angst, kreatürlichem Überlebenswillen, machen einen organisierten Krieg erst möglich. Die Tugenden der Soldaten sind viel gefährlicher als ihr Aggressionstrieb, und sei er auch noch so gestaut.

In der Autobiographie eines Mannes, der als Kind von Indianern entführt wurde und dann bei ihnen aufwuchs, wird von der chaotischen Art ihrer «Feldzüge» berichtet. Eine Gruppe redet sich in Wut. Die verhaßten Feinde müssen einen Denkzettel erhalten, große Worte fallen. Eine Anzahl Krieger bricht auf. Aber bald läßt ihre Kampfeslust nach. Der Weg ist weit, sie sind müde, einige kehren um. Der Führer kann sie nur beschimpfen, aber nicht aufhalten – man findet die Feinde nicht, aber erbeutet einen Büffel, auch gut (*Tanner* 1840). Die indianischen Jäger haben keinen Drill und Schliff wie die Soldaten einer modernen Armee; sie sind viel weniger zielbewußt.

Es ist Zeit, in der psychologischen Kriegsforschung die einfachen Analogien zwischen persönlicher Aggressivität und militärischer Bedrohung fallenzulassen. Die Fähigkeit des Menschen, «erfolgreich» in der Industriegesellschaft zu leben, hat ähnliche psychologische Grundmuster wie seine Fähigkeit, Vernichtungskriege zu führen. Beide setzen Disziplin, Leistungswillen und Selbstkontrolle voraus.

Aber was sind denn dann die psychologischen Unterschiede zwischen Friedens- und Kriegsbereitschaft? Es scheint mir eher mit der Fähigkeit zu unabhängigem Denken, zu einer Ablösung von tradierten und in den gesellschaftlichen Anpassungsidealen vermittelten Werten zusammenzuhängen, ob sich ein Mensch für den Frieden entscheidet. Im Leben dieser Menschen war einmal ein Bruch, eine Wendung, in der sie Abstand zu dem gewonnen haben, was ihnen in ihrer Kindheit an Werten vermittelt wurde – oder aber, dieser Abstand von den gesellschaftlichen Durchschnittsidealen war bereits in ihren Familien vorgegeben. Wesentlich ist hier, ob ein Mensch einfach in den Ordnungen lebt und sie für sich benützt, die er vorfindet, oder ob er anfangen kann, sie in Frage zu stellen, um seine eigenen geistigen Zusammenhänge zu entwickeln.

Menschliche Autonomie ist zunächst einmal emotionale Autonomie. Um zu bestehen, muß sie Elemente aus den gesamtgesellschaftlich vermittelten Heteronomien aufnehmen und integrieren – zum Beispiel Sprache, Geschichte, Wissen um soziale Entwicklungen, um psychische Zusammenhänge.

Der kriegerische Mensch bekämpft Unlust, Faulheit, Müdigkeit und Angst, weil das Ziel es verlangt. Der unkriegerische Mensch ist dazu nicht bereit. Er hat keine Lust zu kämpfen, weil es mühsam und gefährlich ist. Er will nicht wachsam sein, sondern lieber ausschlafen. Er will sich nicht engagieren und einsetzen, wenn er «null Bock» hat. Der engagierte Friedenskämpfer und der Militarist verdammen diesen unkriegerischen Menschen (dessen hohes Lied *Tolkien* in seiner Geschichte vom Hobbit gesungen hat) gleichermaßen.

Es scheint mir durchaus sinnvoll, die Psychologie der Friedfertigkeit einmal in dieser Weise gegen den Strich zu bürsten. Aber ich will nicht übertreiben. Vor allem will ich nicht den Eindruck erwecken, es sei damit bereits Klarheit gewonnen. Nur eine voreilige Vereinfachung ist vermieden worden. Frieden in einer arbeitsteiligen Gesellschaft ist ein viel schwierigeres Problem als Frieden in einer Primitivkultur, wo ein kriegerischer Mensch entweder selber in den Krieg ziehen oder seine Absicht aufgeben muß. In der arbeitsteiligen Gesellschaft geschieht es bald, daß der Feldherr seine Soldaten aus einer sicheren Position lenkt. Dieser Feldherr kann persönlich sein Leben riskieren oder auch nicht – er hat jedenfalls eine Wahl, die seine Soldaten nicht haben. Die Kriegsgefahr fängt da an, wo Menschen solche Unterschiede nicht nur hinnehmen, sondern sinnvoll und notwendig finden.

Die allgemeine Wehrpflicht

Der persönlich unkriegerische Mensch verkörpert (nicht «leistet») nur dann einen Beitrag zum Frieden, wenn er auch keinen anderen losziehen läßt, ausschickt, finanziert, als Politiker unterstützt, der ihm arbeitsteilig diese kriegerische Seite abnimmt. Im Geschichtsunterricht habe ich auf dem Gymnasium gelernt, wie die fetten karthagischen Kaufleute trotz ihres genialen Feldherrn Hannibal am Ende den Römern unterliegen mußten, weil sie nur ein Söldnerheer hatten, dem die Römer ihr Volksheer entgegensetzten. Solche Bilder fallen mir ein, wenn ich an Krieg denke – Hannibal und Napoleon, Alexander der Große und Themistokles. Die Idee des Volksheers, das gegen Söldner gewinnt, hat auch in meinen Phantasien über den Vietnamkrieg eine wichtige Rolle gespielt. Obwohl Wehrpflichtige, waren hier die GI im Bild des Betrachters die verwöhnten, verweichlichten Söldner, die auf die Dauer gegen die für ihr Land kämpfenden Vietnamesen ebensowenig eine Chance hatten wie die Karthager gegen die Römer oder die Perser gegen die Griechen.

Das Volksheer und die allgemeine Wehrpflicht sind Kinder der bürgerlichen Revolution. Der disziplinierende Charakter des Soldatenseins ist viel beschrieben worden – «haben Sie gedient?» ist die unsterbliche Frage der Hauptmänner, auch jener von Köpenick. Wie viele Errungenschaften des Kapitalismus ist auch diese allgemeine Wehrpflicht anscheinend kaum rückgängig zu machen oder zur allgemeinen Friedenspflicht umzumünzen. Manche Entwicklungsländer haben sie nicht, aber wohl nur deshalb, weil sie es sich nicht leisten können, so viele Wehrpflichtige durchzufüttern. Manche hochentwickelte Länder haben sie nicht mehr, aber nur deshalb, weil es gute kapitalistische Gründe dagegen gibt. Die modernen Kriegswerkzeuge sind technisch so kompliziert, daß man sie nur Profis anvertrauen kann. Selbst diesen gelingt es, aus einem Starfighter, der soviel kostet wie fünf Kindergärten, in fünf Sekunden einen Schrotthaufen zu machen. Aber ließe man durchschnittliche Wehrpflichtige an solche Aufgaben heran, dann wäre die Rüstung noch mühevoller zu finanzieren, als sie es ohnedies ist.

Die Wehrpflicht wird in den (real existierenden) sozialistischen Ländern ebenso beibehalten wie in den kapitalistischen. Die entwickelten Gesellschaften können es sich anscheinend nicht gut leisten, auf sie zu verzichten. Sie fühlen sich allesamt an etwas gebunden, das sozial ebenso ansteckend war wie die Druckerschwärze und das Schießpulver. Warum? Ist es die innere Unterdrückung, die eine funktionierende Wehrpflichtmaschine gewährleistet? Ist es die Angst vor den Nachbarn, die ebenfalls mit großen Heeren ausgerüstet sind? Verpflichtungen in Bündnissystemen? Es sind wohl alle diese Gründe zusammen und noch einige dazu. Wenn eine große Gruppe von Menschen, eine Macht wie die USA oder die Sowjetunion, militaristisch ist, dann geht von ihr ein großer Druck aus, auch andere militaristische Staaten zu schaffen. Wenn Heere vorhanden sind, erhalten sie einander durch zwei Ängste: die Angst, den Arbeitsplatz und die soziale Identität zu verlieren, wenn abgerüstet wird, und die Angst, von einem gerüsteten Gegner überfallen und unterjocht zu werden. Also muß das eigene Militärsystem zu seiner Existenzsicherung ständig fremde Militärsysteme wirksam bedrohen, damit diese durch ihre Gegendrohung die eigene soziale Legitimation festigen.

Daraus ergibt sich ein Gedanke, der wieder auf die Besitz-Qualitäten des Bürgertums hinweist. Wer nichts zu verlieren hat, der kann ohne weiteres einen Krieg verlieren. Er muß sich nicht wehren. Wer etwas zu verlieren hat, kämpft darum. Weil aber meistens die Armen für die Reichen kämpfen, muß man den Armen weismachen, daß sie etwas zu verlieren haben, während tatsächlich nur die Reichen etwas verlieren würden. Freiheit, Glaube, endlich das liebe Leben sind die Fiktionen, für die gekämpft wird. Ein gut dressierter Soldat kämpft fürs Vaterland und für die Fahne.

Ich glaube, daß diese strukturellen Vorbedingungen der Gewalt angesprochen werden müssen, ehe eine psychologische Analyse im engeren Sinn beginnen darf. Existierende Heere und Verteidigungspolitiken lassen sich nicht aus den psychologischen Neigungen zu Krieg oder Frieden zusammensetzen wie ein Mosaik aus verschiedenfarbigen Steinsplittern. Dennoch spielen subjektive Faktoren eine wichtige Rolle. Die Wirklichkeit ist sehr differenziert und schwer zu überblicken. Vereinfacher, die alles auf den Staat oder auf den Aggressionsinstinkt schieben, glauben ein Theaterstück zu beobachten, in dem sie tatsächlich mitspielen.

Pädagogische Aggression

«Wirst du wohl die Finger davon lassen! Wenn du noch einmal so was anfaßt, dann setzt es was!» Die Mutter mit dem Ansteckzeichen der Friedensbewegung, die ihrem vierjährigen Buben auf die Finger haut, weil dieser sie nicht von Spielzeugpanzern und Knallpistolen läßt, ist als tragische Gestalt durchaus glaubwürdig. Manchmal hört man von friedenspädagogischen Gruppen, die eine Bücherverbrennung organisieren. Verbrannt werden militärische Schundhefte. Beide Situationen scheinen mir eine Art Verzweiflung auszudrücken. Es ist, als ob die Akteure zu denselben dramatischen, gewalttätigen Mitteln greifen müssen, die sie im Grunde doch verabscheuen. Ein Zeichen muß gesetzt werden. Auch der Kampf für den Frieden kommt ohne Symbole und Fahnen nicht aus.

Eltern, die sich dem Pazifismus verschrieben haben, müssen über die Faszination erschrecken, die für Kinder (auch ihre eigenen) von Krieg, Verbrechen, Polizei- und Soldatspielen, Waffengebrauch ausgeht. Zwar beschäftigen auch sie sich viel mit Krieg und Gewalt. Aber es geschieht aus einem sicheren Abstand heraus, getragen von dem Gefühl, auf der anderen Seite zu stehen. Bei den Kindern ist diese Grenze nicht so verläßlich.

Das Kind will und muß sich von den Eltern unterscheiden, um eine eigene, unverwechselbare Identität zu gewinnen. So tut es etwas, das die Eltern nie tun würden. Der Sohn der Friedenskämpferin, der am liebsten mit Spielzeugwaffen Krieg spielt, wäre ein Beispiel dafür – ebenso wie der Sohn des «harten» Mannes, der militärische Tugenden lebt und fordert, anfangen kann, am liebsten mit Puppen zu spielen und Pflanzenbilder zu malen.

Beide Kinder werden womöglich erfahren, daß für ihr Bedürfnis, anders als die Eltern zu sein, etwas ganz Eigenes zu haben, kein Verständnis aufgebracht wird. Hier sehe ich einen wesentlichen Punkt, um die psychologische Ebene des Friedens genauer zu sehen. Sie beginnt dort, wo die sozial überlieferten Kontexte von Pazifismus oder Militarismus, von «Schwerter zu Pflugscharen» oder «gelobt sei, was hart macht» aufhören. Die Verständnislosigkeit für das (auch durch Polarisierung entstehende) «Eigene», Autonome des Kindes wird zu einer Lernsituation, die Autonomie und Angst miteinander verbindet. Angst vor selbständigem Denken, vor Unabhängigkeit von sozialen Klischees, gleich welcher Herkunft, ist aber eine sehr wichtige subjektive Voraussetzung der Kriegsbereitschaft, der Wehrdienstbereitschaft in den Industriestaaten. Die pädagogische Aggression bzw. eine aggressive Pädagogik dient immer der Kriegsbereitschaft, weil sie die Unterdrückung autonomer, den jeweiligen äußeren Forderungen widersprechender Gefühle und Phantasien verlangt. «Habe ich jetzt Lust, zu funktionieren? Wie geht es mir damit? Wie geht es den anderen, drüben, die von meinem Funktionieren betroffen sind?» Solche Fragen dürfen in einer Armee gar nicht mehr laut werden. Wenn sie auch unter Friedenskämpfern verboten sind, dann sollten diese versuchen, als Unteroffiziere auf die Soldlisten des Verteidigungsministeriums zu kommen.

Anpassung bindet Angst

Die Wurzeln der Entwicklung eines kriegerischen Charakters liegen im Zwang zur Anpassung (*Mantell* 1972). Es ist nachgewiesen, daß Gesellschaften um so öfter und verlustreicher Krieg führen, je mehr Menschen sie umfassen und je komplexer sie aufgebaut sind (*Wright* 1968). Eine Folge dieser Situation, welche die Individuen betrifft, ist die steigende Forderung nach Anpassungsleistungen, verbunden mit einer ebenfalls wachsenden materiellen Absicherung durch Vorrat und Besitz. Worum sollen Menschen kämpfen, die nur Steinbeile und hölzerne Speere haben und jeden Tag dem Wild und den eßbaren Pflanzen nachlaufen müssen (*Schmidbauer* 1972a)? Wie sollen sie kämpfen, wenn jede größere Menschenansammlung in wenigen Tagen die örtlichen Nahrungsquellen so erschöpft, daß sie wieder in kleine Gruppen aufgelöst werden muß? Mit den Schritten vom Jäger und Sammler zum Ackerbauern, zum bürgerlichen Handwerker, zum kapitalistischen Industriellen oder Kleinbürger wächst auch die Kriegsbereitschaft (*Schmidbauer* 1972b). Ihr Fundament sind unter anderem die steigenden Forderungen, im «Prozeß der Zivilisation» (*Elias* 1977) auf unmittelbare Triebbefriedigung, Wunsch- und Gefühlsäußerung zu verzichten, eine angepaßte Fassade zu entwickeln, die in den immer komplizierteren Erwerbs- und Tauschstrukturen reibungslos funktioniert. Auch diese Fassade des Angepaßten ist ein Stück Eigentum, das elementarste und am hartnäckigsten verteidigte, das es gibt. Sie ist sein Charakterpanzer, seine berufliche Identität, sein Glaube, gut zu sein, weil er besser als andere gesellschaftlichen Forderungen entspricht. Auf dem Weg zu dieser Fassade mußte viel geopfert werden. Wer den Sinn dieses Opfers in Frage stellt, muß gefürchtet und bekämpft werden. Das ist jeder, der die Werte und Ideale nicht teilt, denen zuliebe es erfolgt ist. So fürchten sich alle, Besitz und Identität zu verlieren, und suchen diese Angst durch immer bessere Rüstung, durch Propaganda und ständige Bestätigung der eigenen Werte zu beschwichtigen. Diesen Prozeß nennen wir Politik, und Krieg ist bekanntlich «die Fortsetzung der Politik mit anderen Mitteln».

Kinder, die zur Anpassung an Ideale – seien es solche von Krieg oder auch von Frieden – in einer Weise erzogen werden, welche diese Ideale von den gegenwärtigen Gefühlen und Bedürfnissen, von den zyklischen Lebensprozessen abkoppelt, lernen nicht nur die Inhalte dieser Ideale – sich nichts gefallen zu lassen oder immer freundlich zu sein, zu kämpfen oder zu gehorchen. Sie lernen darüber hinaus und darunter, daß es notwendig ist, anderen Menschen mit der Erwartung von Feindseligkeit zu begegnen. Sie lernen, sich gegen mögliche Angriffe zu wappnen und zu verhärten. Der Erwachsene, der seine Ziele und Zwecke über die Einfühlung in das Kind stellt, bringt diesem auch bei, daß Übermacht rücksichtslos eingesetzt werden darf. Sie lernen, sich anzupassen und gleichzeitig Lohn für diese Anpassung zu erwarten. Der Sinn ihres Lebens liegt nicht mehr darin, auszudrücken und auszuleben, was an Gefühlen und Wünschen innen ist, sondern dieses Innere zu unterdrücken und die Erwartung auf äußere Anerkennung, narzißtische und materielle Bestätigung an seine Stelle zu setzen.

Die Faszination der Gewalt

Das Beispiel der Mutter, die ihrem Sohn auf die Hand schlägt, die dieser nach Kriegsspielzeug ausstreckt, läßt sich nicht verallgemeinern. Sicherlich aber ist für viele pazifistisch denkende Erwachsene die offene Schaulust von Kindern an kriegerischen Aktionen, an Explosionen, Verfolgungsjagden, Schlägereien, Folter und Kampf ein Ärgernis. Sie können, wenn schon nicht strafend, auf jeden Fall nicht einfühlend damit umgehen. Die fesselnde Wirkung der Gewalt gefährdet eine Einstellung, die eng mit dem christlichen Gewissensbild zusammenhängt, wonach der Gedanke an eine Sünde schon fast so sündhaft ist wie die Tat. Heißt das, daß der Mensch «von Natur» kriegerisch und aggressiv ist, daß die Eltern in ihrer Erziehung etwas falsch gemacht haben, daß man die Theorien vom quasi «hydraulischen» Todes- oder Aggressionstrieb aus der wissenschaftlichen Mottenkiste herausholen muß, in der sie mit guten Gründen liegen?

Ich glaube nicht, daß solche Rückgriffe notwendig sind, um die Faszination zu verstehen, die von der Gewalt ausgeht. In unserem einer engmaschigen, bürokratischen Kontrolle unterworfenen Leben haben wir viel verloren, was in solchen gewalttätigen Szenen wieder aufleben kann. Stärkere Gefühle sind in unserem Alltag oft überflüssig und nicht selten sogar unerwünscht. Ein unmittelbarer Zusammenhang zwischen Tat und Wirkung, Aktion und Reaktion fehlt sehr oft. Wir müssen Umwege gehen. Die Fähigkeit dazu hängt eng mit unserem sozialen Überleben zusammen.

Gewalt hingegen schafft unmittelbare, emotionale packende Verbindungen zwischen Aktion und Reaktion. Die Logik der dramatischen Tat spricht viel unmittelbarer zu unserem Gefühl als die Logik der bürokratischen Entscheidung, der langwierigen politischen Durchsetzung. Wer den Krieg in Vietnam dadurch beeinflussen will, daß er ein westdeutsches Kaufhaus anzündet, handelt politisch absurd. Aber er drückt etwas aus, er tut etwas. Er arbeitet mit den Mitteln des Kinos gegen die Wirklichkeit. Nicht zu Unrecht ist der RAF-Terrorismus mit amerikanischen Gangster-Filmen in Verbindung gebracht worden. Die Helden der Kriminalfilme, der Western, der Comic-Books sind nicht verstrickt in tausendfache Kontrollen und Umwege wie die Erwachsenen und Kinder der Zivilisation. Hier gilt noch das Faustrecht, entweder allgemein, wie in der Prärie, oder in einer «Unterwelt», wo das Gewaltmonopol der Polizei durch die Gewalt der Verbrecher immer wieder gerechtfertigt wird. Ähnlich erhält das Gewaltmonopol der Soldaten im Krieg durch die drohenden Waffen des Feindes seine Legitimation.

In einer Arbeit über den «alltäglichen Narzißmus», der sich in den Heldenbildern und Heldengeschichten ausdrückt, habe ich gezeigt, daß in den letzten hundert Jahren radikale Veränderungen in der Gestalt der populären Helden nachweisbar sind (*Schmidbauer* 1981). Der frühe Typus des bürgerlichen Helden ist Robinson, der auf einer einsamen Insel als Schiffbrüchiger, ganz aus eigener Kraft (freilich mit Hilfe des geretteten Strandguts, das *Defoe* säuberlich aufzählt) eine neue Welt schafft, der Arbeiter und König, Handwerker und Priester, Bauer und Soldat ist, der eigenhändig zwanzig Kannibalen abschießt. Ihm folgt Old Shatterhand, *Karl Mays* legendäres «zweites Ich», das in der unzivilisierten Natur ferner Welten die unauslöschliche Überlegenheit des deutschen Christen über Muslims, Chinesen und Indianer beweist (mit Ausnahme des fast so guten Blutsbruders Winnetou).

Old Shatterhand ist tugendhaft, genau, gebildet, ein vorzüglicher Jäger, Reiter, Schütze, Klavierspieler oder Wundarzt. Er ist zwar bewaffnet, aber friedfertig. Er schießt nur, um anderen zu helfen, allenfalls in Notwehr. Zwar wird rund herum um ihn immer gemordet, gemartert und skalpiert, aber er schont selbst seine ärgsten Gegner, wird vielleicht entsetzt Zeuge ihres gräßlichen Endes durch fremde Hand oder Naturkatastrophen. Sein nicht aus dem bildungsbürgerlichen Europa zugereister, sondern original-amerikanischer Nachfolger, der Revolvermann, muß nur noch eins können – das aber perfekt: schnell schießen. Wer zuerst abdrückt, ist der bessere Mann. Dieser Revolverheld ist ein Gegenstück zum Arbeiter am Fließband, bei dem auch die allseitige Bildung der Persönlichkeit verschwindet zugunsten der Vervollkommnung eines einzigen Handgriffs.

Aber der Revolverheld kämpft nach wie vor mit menschlichen Mitteln gegen böse Menschen. Die narzißtische Mythen schaffende Phantasie bleibt nicht bei ihm stehen, sondern findet einen neuen Helden, der ihn und Old Shatterhand bei weitem übertrifft. Beide wären chancenlos gegen ihn – Superman, den unverwundbaren, gigantisch starken Helden eines frühen technischen Zeitalters, in dem es noch keine Umweltverschmutzung, wohl aber schon die Hoffnung auf Reisen ins Weltall gab. Die amerikanischen Militärkapläne waren entsetzt, als die GIs im Zweiten Weltkrieg Superman-Comics statt der Bibel in ihrem Gepäck hatten. Aber der bisher zwar starke, aber farblose Held, der mit Lichtgeschwindigkeit fliegen und mit bloßen Händen Schnellzuglokomotiven stoppen kann, wurde im Krieg erst richtig munter. Er verknotete beispielsweise japanische U-Boote zu Brezeln.

In der Gestalt des Superman wird deutlich, wie in der Phantasie des technischen Zeitalters nur durch großen illusionären Aufwand die menschliche Überlegenheit wiederhergestellt werden kann. Pferde und allenfalls Elefanten waren früher ein Symbol für Stärke.

Ein «guter» Held mit übermenschlichen Maschinenfertigkeiten wie dem «Hitzeblick»: Superman.

Der Held, der einen Drachen besiegte, bewies seine Überlegenheit. Die Stärke von Lokomotiven, Flugzeugen, Schiffsmaschinen, modernen Geschützen ist so über das menschliche Maß hinaus, daß als Gegengewicht ein Superheld mit maschinenähnlichen Fähigkeiten geschaffen werden muß, der die drohende Niederlage des menschlichen Körpers in der Phantasie wieder aufhebt. In der Zeit zwischen den Weltkriegen versprach die Superman-Sage, daß der Mensch das Maß aller Dinge bleiben wird.

Die übermenschlichen Maschinenfertigkeiten wie Flugfähigkeit, Röntgenblick, Hitzeblick, Computerhirn verleihen Superman eine Möglichkeit, gewissermaßen in der Konkurrenz mit den unüberschaubaren, emotional nicht mehr faßbaren Erzeugnissen der Industriewelt zu bestehen. Gleichzeitig mit ihm entsteht in Nordamerika ein anderer Held, Philip Marlowe, der Privatdetektiv, der immer in den unübersichtlichen, ungerechten Systemen der Bürokratie und des organisierten Verbrechens herumgestoßen wird, der zwar nichts ausrichtet, aber durch bittere Ironie wenigstens seine seelische Unantastbarkeit beweist. Omnipotenz auf der einen, Resignation auf der anderen Seite – verschiedene Antworten auf die Frage nach dem emotionalen Bestehen in der zweckrationalen Welt von Technik und Industrie. Parallel zum wissenschaftlichen Fortschritt werden die faszinierenden Helden regressiver, primitiver und auch gewalttätiger.

Conan, der Barbar

Keuchend, von einem Rudel Wölfe gehetzt, sucht ein Mann Zuflucht zwischen den riesigen Steinen eines Hünengrabs. Die Kette, die er an einem Fuß hinter sich herschleift, erweist ihn als entflohenen Sklaven. Plötzlich gibt die Erde unter ihm nach. Schreiend stürzt er in die Grabkammer. Mühsam macht er mit Stahl und Stein ein Feuer und schaut unbewegt um sich. Auf einem Thron sitzt das Skelett eines Königs, noch bewaffnet mit einem von Lehm verkrusteten Schwert. Der Sklave erwacht aus seiner Erstarrung, greift nach dem Schwert und schlägt mit der Klinge gegen einen Felsen. Die Erde fällt ab von ihr; sie ist wieder blank. Der Mann steigt aus dem Grab. Er ist ein anderer geworden. Die Wölfe ergreifen die Flucht vor ihm. Ein Hieb mit dem Schwert, und die Fußfessel fällt.

Der Film, aus dem diese Szene stammt, hat meines Wissens keine guten Kritiken gefunden. Es ist für den intellektuell anspruchsvollen Zuschauer leicht, sich über einzelne Szenen lustig zu machen. Damit wird aber die Spaltung zwischen den vielen Menschen, die solche modernen Mythen mit Genuß konsumieren, und den wenigen Kritikern vertieft, die niveauvolle Kommentare schreiben. Ich habe den

Der «Hulk» und Conan:
Helden, die sich durchschlagen.

Film zweimal gesehen, und ich will versuchen, die Gründe für meine Faszination auszudrücken, die sich mit meiner ironischen Distanz und meinen Einwänden vermischt. Gleich nachher, wenn die Lichter angehen und ich über die leeren Cola-Dosen zum Ausgang stolpere, zwischen einem vorwiegend jugendlichen Publikum, fühle ich mich wie das Kamel, dem Conan einen Faustschlag versetzt: betäubt, ohnmächtig, verwirrt. Der Gegensatz zwischen den Welten ist unüberbrückbar: die weite Landschaft, in der sich wie Traumgebilde Schlösser, Städte, Tempel und buntgekleidete Menschen abheben, gegen die durchorganisierte, zweckmäßige, streng geregelte Welt der Großstadt, zu der sich kein sinnlicher und emotionaler Bezug mehr herstellen läßt.

Die Faszination liegt in den Bildern: im Erwachen des eigenen Bewußtseins und damit des Wunsches nach Rache durch den Fund

des Schwertes etwa. Oder in der mächtigen Mühle, die der heranwachsende Conan endlich mit mächtigen Schultern ganz allein bewegt wie Simson in Gaza. Diese eher lyrischen Szenen haben mich mehr gefesselt als die brutalen Kämpfe, in denen das Blut spritzt und menschliche Schädel mit einem hohlen Geräusch die Tempeltreppe hinabkullern. Wahrscheinlich spricht diese gewalttätige Wirklichkeit meine Phantasie weniger an als die offenen Szenen: die Entdekkung des Schwertes, der Ritt zum Meer, die Geisterbeschwörung, der Kampf der Toten auf der Seite der Lebenden.

Gleichzeitig weckt ein Film wie *Conan, der Barbar* auch die Frage nach dem Zeitgeist, der sich hier ausdrückt. Die Sehnsucht nach einer freien, nicht zubetonierten und von Bürokraten beherrschten Welt ist ein Stück davon. Aber auch in anderen Beziehungen scheint mir sehr wichtig, was Conan von anderen Helden unterscheidet, für die wir uns früher begeisterten. Sein Grundgefühl ist nicht die Hoffnung, sondern die Verzweiflung. Aber dennoch handelt er. Seine Kindheit, in der Vater und Mutter vor seinen Augen getötet wurden, hat ihm für immer den Glauben an die Möglichkeit einer heilen Welt geraubt. Brutal wird hier dargestellt, was eine psychologische Erfolgsautorin als «Drama des begabten Kindes» (*Miller* 1978) beschreibt: Der Einbruch zerstörerischer Mächte in das Paradies der Kindheit, die Quelle einer nicht mehr endenden narzißtischen Kränkung und Wut. Tulsa Doom, der Priester-Bösewicht, gibt sich als Conans Vater aus und ist ein würdiger Vertreter einer «schwarzen Pädagogik».

Conan ist der Held des Unbewußten, einer von Technokraten und Wissenschaftlern verwüsteten Welt. Er macht keine Pläne, tappt blindlings in Fallen, scheint es sogar darauf anzulegen, gefangen und gefoltert zu werden. Er übertrifft seine Gegner an Mut, aber nicht an Intelligenz. Er kämpft ohne Gnade für den Besiegten, ohne Beute für den Sieger. Frühere Helden verhalfen dem Guten zum Sieg über das Böse. Conan schlägt sich durch; er weiß gar nicht, was gut oder böse ist, sondern orientiert sich an seinem Instinkt. Viel klarer läßt sich die Verunsicherung über tragende Werte gar nicht darstellen. Gleichzeitig ist Conan – anders als seine bürgerlichen Helden-Großväter wie Old Shatterhand und Winnetou – nicht selbstbeherrscht. Er schreit, wenn er gefoltert wird, er betrinkt sich und ist auch anderen Rauschgiften nicht abgeneigt. Er verläßt seine Freunde ohne Abschied und wirft die Frau, die sich während des Liebesspiels in einen Dämon verwandelt, kurzerhand ins Feuer.

Was hinter den Kulissen dieser barbarischen Welt steckt, erweist Conan als Dämon der Traum-Fabrik. Der Held ist ein Weltmeister im Bodybuilding, einer extreme Ausdauer und Abstumpfung verlangenden, technischen Perfektionierung des Muskelpanzers. Er tritt uns entgegen als der wilde, natürliche Mensch, der seinen Gefühlen gehorcht. Eine trickreiche, ausgefeilte, von Mikroelektronik unterstützte Technik spiegelt uns Geistererscheinungen und die Verwandlung eines Menschen in eine Schlange vor. Der technische Apparat verwischt seine Spuren und begleitet einfache Menschen durch eine unzerstörte Landschaft. Ein Schwert wird geschmiedet, geschliffen, der Griff ziseliert – es ist die Waffe von Conans Vater, die im entscheidenden Kampf sein Leben rettet, weil sie zerbricht. Endlich tut sie ihren letzten Dienst, indem sie das Leben des Mörders von Conans Vater vernichtet. Wenn man sich zu diesen Bildern, die ein archaisches Phantasieleben ansprechen, den Technik-Trupp einer modernen Film-Großproduktion denkt, wird auch deutlich, daß Conan die falschen Feinde erschlägt. Sein wirklicher Feind ist die Kamera, die ihn zum Exhibitionismus zwingt. Zugleich aber verdankt er ihr sein Leben.

So produziert die Technik ihren eigenen Alptraum: Helden, deren einziges Werkzeug das Schwert ist, die blindlings zerstören, was ihnen eine grausame, überlegene Zivilisation entgegenbringt. Conan mag allein eine ganze Armee bezwingen, aber sein wirklicher Kampf ist aussichtslos. Er kann nur der Barbar, der Gefühlsmensch sein, der eine Kamera zerschlägt, während ihn eine andere, weiter im Hintergrund, dabei filmt. So geht es weiter, in einem unendlichen Regreß, an dessen Ende Erschöpfung und Tod stehen.

Während Old Shatterhand oft genug als Wanderprediger auftritt und Superman niemals ein denkendes Wesen tötet, ist Conan nicht nur amoralisch, sondern auch areligiös. Er weiß zwar von einem Gott, aber er ist sich sicher, daß dieser sich nicht um ihn kümmert. Nur ein einziges Mal betet er, und auch da wünscht er seinen Gott zum Teufel, für den Fall, daß dieser ihm nicht hilft. Gekreuzigt, beißt er dem Geier, der an seinem Fleisch reißt, noch den Hals ab. Während Christus seine Seele in die Hände Gottes gibt und Prometheus, der erste Erfinder und Techniker, sich nicht gegen den Adler wehrt, der an seiner Leber frißt, kämpft er ohne Aussicht auf Erfolg und lacht sich kaputt, weil am Ende doch noch jemand kommt, um ihn zu retten.

So ist Conan, und wir tun gut daran, zu versuchen, ihn zu verstehen.

Die verleugnete Verletzlichkeit

Wer fasziniert zuschaut, wie sich Menschen schlagen, wird dennoch erst dann selbst eine Waffe benützen oder Schläge austeilen, wenn weitere Bedingungen hinzukommen. Dazu muß die Grenze zwischen Phantasie und Wirklichkeit überschritten werden. Je deutlicher das Phantasieren und Träumen erlaubt und anerkannt ist, desto weniger besteht die Gefahr, daß Kinder oder Erwachsene blind in Wirklichkeit umsetzen, was sie an gewalttätigen Bildern gesehen haben. Die Berichte von Jugendlichen, die Fernsehszenen (beispielsweise Erhängen) nachspielen und dabei wirklich jemanden töten, lassen sich sicherlich nicht allein durch den verderblichen Einfluß des Massenmediums erklären. Es ist eher die mangelhafte Übung im Umgang mit Phantasien, die sich hier ausdrückt. Verbunden mit ihr wirkt ein Schleier von Verleugnungen, die erst dazu führen, daß die Faszination der Gewalt gefährlich wird. Wenn so viele Menschen lieber einen Western oder Krimi sehen als eine Sendung, in der differenziertere Mittel der Konfliktlösung vorgestellt werden, dann heißt das doch, daß diese Entlastung ihnen den kontrollierten, emotionslosen Alltag leichter erträglich macht. Es geht gar nicht um Vorbilder, sondern um eine Ersatzbefriedigung. Dennoch mögen die Vorbilder, mag das Lernen am Modell unterschwellig wirken.

Die Verleugnungen betreffen vor allem die Folgen der Gewalt. Die Helden sind meistens harte Männer, unverletzlich. Sie werden auf den Kopf geschlagen und stehen nach einigen Minuten wieder auf den Beinen. Sie leiden nicht wochen- oder lebenslang an den Folgen eines Schädeltraumas wie reale Menschen, die nach solchen Hieben an Lähmungen, Geistesschwäche oder anhaltenden Schmerzen leiden. Diese Verleugnung von Verletzlichkeit und Schmerz, von den Gefahren, die durch einen technischen Umgang mit Menschen unweigerlich entstehen, gehört zur Ausrüstung des «seelisch Gesunden» in der Industriegesellschaft. Sonst könnten wir nicht mehr sorglos Autos und Flugzeuge besteigen.

Durch diese Verleugnungen wird die Faszination der Gewalt, der Waffen und Kriegstechniken verstärkt und aufrechterhalten. Der Jugendliche, der sich für Kampfpanzer und Maschinengewehre interessiert, kümmert sich ebensowenig darum, daß mit diesen Maschinen menschliches Fleisch zerfetzt werden soll, wie sich der Autoverkäufer darum kümmern darf, was geschieht, wenn eine winzige Unaufmerksamkeit komfortable Limousinen in tödliche Geschosse verwandelt. Friedenserziehung hat viel mit einer Gegenposition zu den mächtigen Einflüssen der Konsumwerbung und der geschönten Welt der Massenmedien zu tun, in denen dem Menschen weisgemacht wird, daß es möglich ist, Leid, Schmerz, Alter und Verfall aus dem Leben auszuklammern. Eine alters- und leidlose Welt wird durch den Kauf der jeweils richtigen Ware (fortgesetzt: der richtigen, wirksamen Waffen) scheinbar ermöglicht.

Wilhelm Reich hat einmal berichtet, wie er einem masochistischen Patienten, der ständig Phantasien nachhing, der Therapeut möge ihn doch quälen und schlagen, einen kräftigen Hieb auf den Hintern versetzte. Der Mann schrie empört auf. Er wollte nicht den realen Schmerz, sondern die Erniedrigung in der Phantasie auskosten. Nur in einem sehr vereinfachten Verständnis des Menschen ist die Phantasie eine Vorbereitung der Tat. Sie kann auch ihr Gegenteil sein, eine Abfuhr von Wünschen, die eben *nicht* verwirklicht werden sollen (wie es gerade bei sadistischen und masochistischen Phantasien sehr oft der Fall ist).

Ebenso weiß das vom Spiel mit Knallpistolen faszinierte Kind, daß es nicht «im Ernst» jemanden totschießen will. Der Augenblick der Wahrheit für die Erziehung zum Frieden ist in jenen Situationen zu suchen, in denen ein Kind erfährt, daß es andere verletzen, ihnen Schmerzen zufügen kann. Es steht dann vor der Entscheidung, sein Handeln von Mitleid und Einfühlung bestimmen zu lassen oder aber gegenüber jedem außer dem eigenen Schmerz gleichgültig zu sein. Die Entscheidung hängt wohl wesentlich von den Identifizierungen ab, die das Kind vollziehen konnte. Wenn es selbst erlebt hat, daß sein eigener Schmerz Mitleid und Einfühlung bei den Erwachsenen auslöste, die für es sorgten, dann wird es auch eher dazu neigen, mitzuleiden, wenn andere verletzt werden. Wenn es hingegen selbst ohne Mitleid und Einfühlung behandelt wurde – woher sollte es dann diese Bereitschaft nehmen?

Es gibt diese Möglichkeit. Das Kind ist nie nur Opfer seiner Umwelt. Es kann diese durch seine Phantasie gestalten und sich mit dem, was es in seinen Phantasien erschafft, ähnlich identifizieren wie mit einem lebendigen Menschen. Es ist aus Psychoanalysen bekannt, daß ein Kind sich an einem solchen Scheideweg seiner Entwicklung mit dem Vater identifizieren kann, der es erbarmungslos prügelt, und dann später sagt: «Es hat mir nichts geschadet, und meinen Kindern soll es nicht anders ergehen!» Oder aber es kann sich mit einem idealen Vater identifizieren, der seine Kinder niemals schlagen würde (und dann womöglich soviel Angst vor diesem eigenen Anspruch entwickeln, daß es ein verantwortungsbewußter Psychotherapeut wird, der es sich nicht zutraut, selbst Kinder zu zeugen und zu erziehen).

Nun können diese korrigierenden Phantasien nicht in der leeren Luft entstehen. Sie müssen gesellschaftlich vorgegeben sein. Und ihre Gefahr ist ein Stück Überforderung und Lebensferne, die daraus stammt, daß das Ideal notgedrungen blasser und abstrakter ist als das Leben. Das christliche Ideal der Nächstenliebe, das verlangt, jeden Gedanken an Gewalt, Rache, an Phantasien von Haß und Verletzung zu verbannen, scheint diese Überforderung mitzubedingen. Der Märtyrer, der den Verzicht auf den Versuch, nachgiebig zu sein und sich zu retten, so betont, ist eher ein kriegerisches als ein friedfertiges Ideal. Er unterdrückt seine Angst, seine Verletzlichkeit und Kränkbarkeit ebenso wie jene, die ihn zum Märtyrer machen, ihre Einfühlung und ihr Mitleid unterdrücken. Freilich wird ein von Mitgefühl und Achtung vor Schwäche getragenes Menschenbild Schwierigkeiten enthalten, die man auf den ersten Blick gar nicht mit ihm verbindet. Wer sich an ihm orientiert, ist in seinen Erfolgs- und Wirkungsmöglichkeiten in einer gefühlsfeindlichen Konkurrenzwelt eingeschränkt. Er funktioniert nicht mehr so gut.

Literatur

Elias, N., Über den Prozeß der Zivilisation, Suhrkamp, Frankfurt 1977.
Mantell, D., Familie und Aggression, Fischer, Frankfurt 1972.
Miller, A., Das Drama des begabten Kindes, Suhrkamp, Frankfurt 1978.
Schmidbauer, W., Jäger und Sammler. Als sich die Evolution zum Menschen entschied, Selecta, Planegg 1972 a.
–, Die sogenannte Aggression. Die kulturelle Evolution und das Böse, Hoffmann und Campe, Hamburg 1972 b.
–, Die Ohnmacht des Helden. Unser alltäglicher Narzißmus, Rowohlt, Reinbek 1981.
Tanner, J., Dreißig Jahre unter den Indianern Nordamerikas, Lothar Borowsky, München o. J.,; Nachdruck der ersten Ausgabe, Leipzig 1840.
Wright, Qu., Die Geschichte des Krieges, in: H. Krippendorf (Hg.), Friedensforschung, Köln/Berlin 1968.

3. Der Psychoanalytiker und das Irrationale

Flectere si nequeo superos, Acheronta movebo[1]
Es freue sich, wer da atmet im rosigen Licht[2]

Unter den Wissenschaftlern ist der Analytiker vielleicht der einzige, der zum Irrationalen eine berufliche Beziehung pflegt. Er verbannt es nicht aus seinen Überlegungen zugunsten eines Ideals rationaler Wiederholbarkeit seiner Ergebnisse. Diese Haltung ist erst allmählich im Lauf der Entwicklung der Analyse entstanden. Sie wurde ihr gewissermaßen von ihrem Erfahrungsmaterial aufgenötigt. Als Freud zu arbeiten begann, konnte er noch hoffen, daß das Grundprinzip der bürgerlichen Wissenschaft, die vernünftige Aufklärung, die unzweckmäßigen Verhaltensweisen seiner Patienten beenden würde. Doch er mußte feststellen, was für jeden Adepten der Analyse bis heute eine wichtige Lektion geblieben ist: Rationale Einsicht über irgendwelche vorher unbewußten Zusammenhänge nützt nichts. Sie mag dem Therapeuten ein Gefühl der Überlegenheit verschaffen und dem Patienten beibringen, sich selbst zu erklären. Darüber hinaus wird sich nur wenig ändern. Freud führte daher den Begriff des «Widerstandes» ein. Dieser richtet sich gegen ein tieferes Annehmen solcher Aufklärungen und muß durch zähe, geduldige Auseinandersetzungen «durchgearbeitet» werden. Nur dieses Durcharbeiten verändert den Patienten, nicht die Einsicht. Doch ist mit dem Begriff des Durcharbeitens nicht viel erklärt, allenfalls eine Dunkelheit durch eine neue ersetzt. Doch begegnen in diesem Prozeß des Durcharbeitens dem Patienten und seinem Analytiker einige weitere Erscheinungen, die den Erfolg der Analyse mitentscheiden und zugleich den Analytiker zwingen, eine Haltung in Frage zu stellen, in der er als kompetenter, aufklärender Fachmann auftreten kann.

Die wesentlichste Komplikation der therapeutischen Aufklärung, zugleich aber das entscheidende Instrument, den Widerstand durchzuarbeiten, ist die Übertragung. Der Patient verläßt die ausgetretenen Wege der bürgerlichen Tauschbeziehung zu einem bezahlten Fachmann. Er sieht in diesem Fachmann Personen, die zu ihm in einer familiären Beziehung standen – so deutet es dieser Fachmann, um die Übertragung immer wieder auf den Patienten zurückzuspielen, sie historisch zu erklären, zu verhindern, daß die in ihr geweckten Gefühle das ganze Verhältnis zu einem familiären machen und die Tauschbeziehung beenden.[3] In der Übertragung richtet der Patient beispielsweise sexuelle Wünsche an den Therapeuten. Dieser wiederum hat sie nach Freuds Vorgabe nicht seiner persönlichen Unwiderstehlichkeit, sondern dem Aufleben kindlicher Wünsche zu verdanken, die sich sexuell maskieren. Die Übertragung wird so zum erhitzenden Feuer, in dem die erstarrten neurotischen Mechanismen noch umgeschmiedet werden können – aber sie ist auch ein Feuer, an dem sich der Analytiker leicht die Finger verbrennt. Denn auch er ist prinzipiell anfällig für Übertragungen. Nur weil das Vorurteil will, daß der Patient darin den Vortritt hat, nennt man die Übertragungen des Analytikers Gegenübertragungen.

Widerstand, Übertragung, Ausagieren – sie alle sind im Lauf der Zeit aus Hindernissen in der analytischen Behandlung zu ihren Hilfsmitteln umgedeutet worden, als ob die Analyse alles aufnehmen, der Analytiker alles verwenden könne. Diesem wird empfohlen, sich durch seine eigene Selbsterfahrung («Lehranalyse») zu befähigen, die eigene Gegenübertragung nicht abzustellen – die Analyse soll ja Verdrängungen auflösen und nicht fördern –, sondern sie fruchtbar zu machen für die Behandlung. So ermöglicht die Beachtung der eigenen Gegenübertragung – wohlgemerkt: ursprünglich einer unangemessenen, die Tauschbeziehung sprengenden Gefühlsreaktion – eine Entscheidung darüber, ob regressive Verhaltensweisen des Klienten wohlwollend zu akzeptieren seien. Michael Balint sagt, daß das Gegenübertragungsgefühl der Arglosigkeit der einzige Indikator dafür ist, ob die Regression des Patienten gutartig (und damit zu fördern) oder bösartig (und damit möglichst aufzuhalten) sei.[4]

Wogegen ich mich hier wehren will, ist der Unterton, mit dem Überlegungen dieser Art in der analytischen Literatur in aller Regel angestellt werden. Er unterlegt die irrationalen Seiten des analytischen Prozesses weitgehend den Verhaltens- und Erlebnisformen des Patienten, auf die ein Analytiker, der das Beste für den Kranken will, eben antworten muß. Demgegenüber glaube ich, daß die Entwicklung der analytischen Technik, in der nacheinander Widerstand, Übertragung, Ausagieren und Gegenübertragung zu immer wichtigeren Kategorien wurden, gerade durch die Bedürfnisse der Analytiker veranlaßt wurde. Eines dieser Bedürfnisse bezieht sich darauf, den von Freud entdeckten innerseelischen Markt auszuweiten, die Ware Analyse auch an Patienten abzusetzen, die Freud – wie die Fälle einer «narzißtischen Neurose» – für unanalysierbar hielt. Gerechtfertigt wird dieses Vorgehen wiederum mit den vorgeblichen Bedürfnissen der Patienten. Ein interessantes Beispiel dafür ist die Kontroverse zwischen Freud (als dem Vertreter einer Selbstbegrenzung der analytischen Therapie) und Sandor Ferenczi, der als erster seine Kollegen aufforderte, die strikten Regeln der Tauschbeziehung zu verlassen und bei bestimmten Patienten eine familienähnliche Beziehung zuzulassen.

Ferenczi hat mit einer Patientin – Balint charakterisiert sie als «begabte, aber tief gestörte Frau» – vereinbart, ihren Wünschen zur Verfügung zu stehen, wie es sonst nur Familienangehörige und sehr gute Freunde tun.[5] Sie erhielt soviel Zeit, wie sie es wünschte, bis zu mehreren Stunden am Tag und auch in der Nacht. Sie wurde vom Analytiker in seine «Ferien» mitgenommen, sie erhielt Zärtlichkeit und Zuwendung, wie es den Bedürfnissen an einen idealen Elternteil entsprechen mag. Ferenczi ist gestorben, bevor dieses Experiment endete. Seine Patientin war nach Balints Urteil gebessert, jedoch nicht geheilt. Ferenczi selbst hielt sein Experiment für gescheitert, hatte sich aber mit einem Problem auseinandergesetzt, das sich wohl für keinen nicht übermäßig mit zwanghaften Abwehrstrukturen ausgerüsteten Analytiker verleugnen läßt: Die Notwendigkeit, den Rahmen der Tauschbeziehung zu verlassen, um eben diese Tauschbeziehung zu ermöglichen – die Notwendigkeit, eine professionelle Abstinenz aufzugeben, um eine professionelle Situation zu erhalten. Immer wieder steht der Analytiker vor der Wahl, entweder die Arbeit mit einem Patienten aufzugeben (bzw. sie erst gar nicht zu beginnen) oder Elemente einer familiären Beziehung in die Tauschbeziehung einzubringen, eben um den Tausch zu ermöglichen. Ob und wieweit er sich darauf einläßt, hängt von folgenden Einflüssen ab:

1. Seinen wirtschaftlichen Bedürfnissen (daher haben Anfänger in der Regel auch ‹schwierigere› Patienten als Etablierte oder gar Lehranalytiker).
2. Seinem Ehrgeiz bzw. seinen aktiven narzißtischen Bedürfnissen (verlasse ich die ausgetretenen Pfade einer von Freud überlieferten Methode und wage etwas Neues, Einzigartiges?).
3. Seinen passiven narzißtischen Bedürfnissen (stelle ich eine warme, emotional nahe, freundschaftlich-familiäre Beziehung her, oder wehre ich diese Beziehung durch ihre distanzierende Betrachtungsweise als ‹Übertragung› ab?).

Die unbeherrschte Natur im Reservat

Der Prozeß der Zivilisation verschlingt den Wilden, hält ihn fest, verwandelt ihn und gibt ihn stückweise frei. Dieser Prozeß, in dem schrittweise Zweckrationalität, Tauschprinzipien, freie Märkte hergestellt werden, erschrickt gewissermaßen immer wieder vor seiner eigenen Unerbittlichkeit. Dann entstehen Reservate, Museen, Nationalparks, in denen eine scheinbar urwüchsige Natur belassen oder – wie besonders sinnreich das Beispiel des Auerochsen zeigt – durch kunstreiche Rückbesinnung und Rückkreuzungen wiederhergestellt wird. In den antiken Gärten und in ihrer klassischen Wiedergeburt, dem «italienischen» oder «französischen» Garten, gehorcht die Natur der Geometrie – die Bäume werden gestutzt, die Beete mit dem Lineal entworfen. Im «englischen» Garten des vergangenen Jahrhunderts wird Natur künstlich wiederhergestellt, die Bäche schlängeln sich wieder gefällig, die Wege krümmen sich sanft. Wo die allgemeine Naturbeherrschung mächtiger und ihrer selbst sicherer geworden ist, reizt ein Stück Wildnis. Die bedrohte Tierwelt flimmert in die Wohnzimmer, hautnah und doch fern.

Wenn ein Tier durch Schläge gequält wird, empören sich nach Meinungsumfragen mehr Menschen, als wenn ein Kind oder eine Frau das Opfer ist. Tierschutzvereine haben mehr Mitglieder als der Kinderschutzbund. Es wäre wohl falsch, das auf die verdeckte Unmenschlichkeit zurückzuführen, wonach Tiere («sie lügen nicht, sie sind treu») bessere Freunde sind als Menschen. Mir scheint eher, daß der Schutz von Tieren als Schutz vor dem zerstörerischen Eingriff der technischen Zweckrationalität in natürliche Kreisprozesse eine Alibiaufgabe hat. Der im Wohnsilo sitzende Städter möchte dann mit viel Energie die in Batteriekäfigen sitzenden Legehennen «befreien». Kinder und Frauen sind deshalb nicht so schützenswert, weil der Umgang mit ihnen in den Hort des Irrationalen, Privaten, Emotionalen gehört, den das Bürgertum stetes besonders liebevoll gepflegt hat: in die Familie. Prügel für Kinder oder Frauen sind kein öffentliches Ärgernis, sondern Privatsache.

Die Entwicklung der Psychotherapie belegt zweierlei. Einmal betont sie die Bedeutung der Familie, weit über das, was die bürgerliche Familienideologie des 19. Jahrhunderts tat, die im Kind vor allem einen Gegenstand der Erziehung, der Bildung sah. Die Psychoanalyse erweist darüber hinaus die entscheidende Bedeutung des Abschnitts vor der «Pädagogik», der ersten sechs Lebensjahre, der frühkindlichen Sexualität. Zum anderen erweitert die Psychotherapie die Zahl der seelischen Reservate. Es gibt nicht mehr nur einen Hort der Emotionalität, der Geburt, Liebe und Tod (mit denen die zweckrationale Gesellschaft nicht umgehen kann, die sie aber für ihre Reproduktion benötigt) bewältigen hilft: die Familie. Die therapeutische Beziehung ist scheinfamiliär und doch professionell – was kaum zu unterscheiden ist von scheinprofessionell und doch familiär. Der Therapeut als Institution und die Übertragung als begriffliches Konzept belegen beide, daß zu den biologischen Eltern eine beruflich geschulte Elternfigur tritt, die in einem von Anpassung und Leistung bestimmten Lebenszusammenhang begrenzte Reservate für ungesteuertes, von Triebwünschen bestimmtes Erleben eröffnet.

Der Beginn jeder Analyse ist mit einem Umlernen verknüpft: der Patient muß sich gehenlassen, seinen inneren Monolog nicht nach zweckrationalen Leistungsprinzipien steuern, sondern ihn einfach laufen lassen. Es kostet ihn Mühe, sich nicht zu bemühen – er muß sich anstrengen, nicht angestrengt nach Einfällen zu suchen, die dem entsprechen, was er an Vorinformation über die «richtige» Analyse hat. Die Preisgabe der Anpassung, das Zurückstellen der leistungsbezogenen Sekundärvorgänge zugunsten der ursprünglichen, unkontrollierten Primärprozesse von Traum, Orgie, Ekstase wird in der Analyse paradoxerweise selbst zum Gegenstand von Arbeit und Leistung. Der Patient bezahlt den Analytiker dafür, daß dieser ihn durch seine (nach den Macher-Grundsätzen der bürgerlichen Gesellschaft) Untätigkeit, seine Bereitschaft zum Zuhören, anleitet, selbst untätig zu werden, selbst auf sein Inneres zu lauschen, seine Botschaften zu entziffern und daraus Ansätze zu einem Neubeginn zu gewinnen.

Für den Analytiker bleibt die Frage, ob er seine gesellschaftliche Bedeutung sehen will, die sich von seinen persönlichen Beweggründen für seinen Beruf erheblich unterscheiden kann. (Er ist damit in kaum einer anderen Rolle als etwa Richter oder Ärzte, die ebenfalls ihre stabilisierenden Aufgaben in der bürgerlichen Gesellschaft mit dem subjektiven Bewußtsein erfüllen, Recht zu sprechen oder Kranke zu heilen, während sie unter einem anderen Blickwinkel vor allem einen bestimmten Umgang mit abweichendem Verhalten legitimieren und seine Ursprünge verschleiern). Ich habe mich früher dieser Frage damit entzogen, daß es durchaus sinnvoll sei, einzelnen Leidenden zu helfen, auch wenn die Ursachen ihres Leidens in den menschenfeindlichen Strukturen der kapitalistischen Gesellschaft liegen – daß es möglich ist, beides zu tun: auf Reformen in der Gesellschaft hinzuarbeiten und die bedrohten Subjekte zu stützen. Diese Antwort befriedigt mich nicht mehr, weil sie den Beitrag fortläßt, den die Horte des Irrationalen (Familie, Kirche, Therapie) in der Leistungsgesellschaft zu deren Bestehen leisten.

Ich brauche in meinem Beruf das Gefühl, sinnvolle Arbeit zu tun, und dieses Gefühl will sich nicht ohne Vergleiche einstellen. In einem Industriebetrieb arbeiten, nutzlose Konsumgüter erzeugen,

Autos, Fernsehgeräte, Pralinen? In einer Behörde Zahlen oder Menschen nach vorgegebenen Regeln verwalten? Nach einigen Jahren in Selbsterfahrungsgruppen für Lehrer habe ich versucht, meine Eindrücke über deren Berufsmotivation dahin gehend zusammenzufassen, daß man Lehrer wird, um die Schule nicht verlassen zu müssen. Diese Vermutung läßt sich erweitern: man wird Helfer, man arbeitet in einem sozialen Beruf, um die Nischen in der zweckrationalen Leistungsgesellschaft nicht zu verlassen, die Familie und erweiterte Familie bieten. Wo sonst hat man mit Wachstum, mit Lebendigem zu tun, wenn nicht in den sozialen Berufen? Das «Helfersyndrom»[6] sieht so aus, daß ein Kind Gefühle des Abgelehntseins, der narzißtischen Kränkung, der Wut über Eltern, die nur Leistung fordern und wenig Austausch von Gefühlen ermöglichen, durch die Identifizierung mit dem Idealbild des allmächtigen Helfers abwehrt, der anderen gibt, was selbst vermißt wurde. Eben weil das Helfen Abwehrcharakter hat, wird der Helfer blind für andere Interaktionsmöglichkeiten, anfällig für Mißtrauen, unfähig, sich außerhalb der warmen Nischen seiner Helfer-Schützlings-Beziehungen sozial zu engagieren.

Die Leidenschaft, mit der er die Gefühle der Unwissenheit, Schwäche, Ohnmacht oder Trauer seiner Schützlinge sucht und mitträgt, drückt das Versagen der Familien unter den Überforderungen einer zunehmend ihrer Gefühlsmöglichkeiten beraubten Konkurrenzgesellschaft aus. Der Helfer gewinnt als Kind seine Motivation aus eben den familiären Störungen, deren Folgen er später in familienähnlichen Arbeitssituationen auszugleichen sucht.

Zu diesen Überlegungen fällt mir eine Situation ein, die sich kürzlich in einer analytischen Therapiegruppe ergab. Ein Mitglied, die als Sozialarbeiterin soeben in einem Heim ihre ersten Berufserfahrungen sammelt, berichtet über ihre Ängste und Depressionen angesichts der Kinder, die sie einerseits darum beneidet, daß sie sich Äußerungen von Wut und Faulheit herausnehmen, die sie selbst nie gewagt hätte. Andererseits fühlt sie sich bei den geringsten Zeichen der Ablehnung durch diese Kinder wie gelähmt. Ihre Chefin – die Heimleiterin – sei die schlimmste Belastung. Immer perfekt, wisse sie stets, welcher Begriff auf welche Situation paßt, «wo's langgeht». In ihrer Anwesenheit könne sie kein Wort mehr sagen, andererseits sei sie nicht imstande, offen über ihre Überforderung zu sprechen, wenn sie allein mit Fällen arbeiten solle. Zu dieser Lage fällt der Teilnehmerin ihre Mutter ein, die ebenfalls in einem sozialen Beruf, aber auch als Hausfrau alles richtig machte und alles so durchorganisierte, daß sie als Kind das Gefühl hatte, überflüssig zu sein und nichts zu können. (Hinweise auf die elterlichen Idealansprüche und die verinnerlichten Ideale des Kindes.) Die Gruppe beschäftigt sich eine Weile mit dieser Situation, versucht zu ermutigen oder Ratschläge zu geben, wobei ein Gruppenmitglied – der einzige, der selbständiger Unternehmer und Chef eines vom Vater übernommenen Betriebs ist – sich besonders engagiert, jedoch immer wieder auf Ablehnung stößt. Endlich reißt eine Kindergärtnerin die Aufmerksamkeit an sich, indem sie über noch schlimmere Schwierigkeiten mit den vielen Kindern berichtet und die Sozialarbeiterin wegen der wenigen Kinder, die sie betreuen muß, indirekt angreift. Der Unternehmer versucht sich wieder an praktischen Ratschlägen und wird ebenso abgewiesen wie das erste Mal. Widerwillig und wegwerfend fängt er endlich an, von seinen eigenen Schwierigkeiten zu erzählen – vom Zwang, unter dem Druck der Konkurrenz einen verläßlichen alten Buchhalter aufzgeben, der sich der Einführung eines Computersystems widersetzt. So wird deutlich, daß er sich im Gegensatz zu den beiden Helfern nicht leisten kann, depressive Gefühle zu äußern. Er ist gezwungen, immer etwas zu machen, während die scheinfamiliäre Arbeit der Helfer ihnen auch familienähnliche Formen der Klage über ihre Arbeit erlaubt, die in einem unmittelbar den Marktzwängen unterliegenden Unternehmen schlechterdings nicht möglich sind. Die beiden Helferinnen konkurrieren in der Gruppe um den Platz der Ärmsten, des hilflosen Säuglings, während der Manager in eine solche Konkurrenz nicht einsteigen kann und entsprechende Ansprüche allenfalls durch seine Sorgen um seinen Körper auszudrücken vermag.[7]

Diese Beobachtungen weisen auf zwei Kulturen hin, die in den Industriegesellschaften entstehen: die der Macher und die der Fühler. Die alte Trennung von Produktion und Reproduktion verschiebt sich; durch die Automatisierung und die immer wachsenden seelischen und geistigen Anforderungen an die Individuen müssen mehr Berufe entstehen, welche die überforderten Familien abstützen, ergänzen, in zweite, dritte, vierte, fünfte Sozialisationen umfunktionieren. Stellen wir uns einen katholisch erzogenen jungen Mann vor, der Psychologie studiert, eine Zeitlang als Verhaltenstherapeut arbeitet, dann eine Psychoanalyse macht, in analytische Selbsterfahrungsgruppen geht, einen Primärtherapeuten aufsucht und endlich nach einem Trip zu Bhagwan in orangefarbigen Gewändern zurückkehrt.

Die zwangsläufige Popularität, in die psychoanalytische Verfahren und Theorien geraten mußten, seit sich die bürgerliche Gesellschaft eine schlichte Ausgrenzung seelisch Gestörter wegen deren zunehmender Zahl nicht mehr leisten kann, hat die verschiedensten Folgen. Es ist nicht nur so, daß Freuds Lehren vielfach (etwa in der «humanistischen» Psychologie) weiterentwickelt wurden, wie Goethes Faust in der Readers Digest-Version. Die inneren Märkte, welche die Psychoanalyse erschlossen hat, wurden ähnlich ausgeweitet, wie es in den äußeren Märkten durch die Marketing-Techniken der Konsumgüterwerbung geschieht.[8] Die «Verkäufer» waren dabei keineswegs nur von wirtschaftlichen Interessen angetrieben, sondern auch von der Suche nach natürlicheren, weniger entfremdeten, sinnvollen Tätigkeiten.

Diese Suche ist es, die aus Kindergärtnern und Lehrern Psychagogen und Kindertherapeuten macht, aus Psychologen und Ärzten Psychotherapeuten, aus begabten, mit ihrer versachlichten Berufsarbeit unzufriedenen Menschen der verschiedensten Vorbildungen Heilpraktiker und Leiter von Selbsterfahrungsgruppen (oder beides zusammen). So entfaltete sich die Psychoanalyse: sie entdeckte die Kinderanalyse, die Analyse der von Freud noch für unbehandelbar gehaltenen Psychosen, die Anwendung auf Jugendkriminalität, Sucht, Charakterstörungen, auf narzißtische Schwierigkeiten, auf Gruppen und Institutionen. Stunden- oder tageweise, nicht nur auf der Couch, sondern auch in Tagungszentren, T-Gruppen, Fortbildungen jeder Art entstanden Reservate für das Irrationale, welches in den taylorisierten Arbeitsprozessen und in den verwalteten zwischenmenschlichen Beziehungen keinen Raum mehr bekam und sich deshalb in Störungen unterirdischer Art – etwa Fehlschichten am Arbeitsplatz oder psychosomatische Krankheiten – äußern mußte und muß. Direktoren dieser zoologischen Gärten, in denen sonst vom Aussterben bedrohte Gefühlsarten noch überleben und sich sogar vermehren dürfen, sind die Psychoanalytiker und ihre Epigonen.

Therapie und Prostitution

Die Psychoanalyse erforscht das Unbewußte der sozialisierten Individuen – und andererseits ist ihr notgedrungen als Theorie und als Praxis ihre eigene gesellschaftliche Rolle bis heute weitgehend unbewußt geblieben. Die Psychoanalyse versucht, das Es zu kolonisieren – «Kulturarbeit etwa wie die Trockenlegung der Zuidersee», erläutert Freud seine Formel. «Wo Es war; soll Ich werden.»[9] Gelingt es ihr, das Irrationale zu erfassen, zu verwissenschaftlichen – oder wird sie bei diesem Versuch als Wissenschaft irrationalisiert, unglaubwürdig? Die konservativen Vorurteile gegen die Psychoanalyse («Sauerei») und die geschliffeneren Einwände von Karl Kraus («Ausdruck derselben Neurose, für deren Therapie sie sich hält») weisen in diese Richtung. Wenden wir diesen Verdacht wiederum auf die Person des Psychoanalytikers an, so entsteht die Frage, ob er wirklich so unberührt bleibt von einem Alltag, in dem er gegen Bezahlung bietet, was sonst nur in den intimen, familiären oder freundschaftlichen Beziehungen geboten wird: Verständnis, Einfühlung, Interesse für die geheimen Gefühle, Wünsche und Ängste seines Gesprächspartners. Es geht hier nicht nur um die groben Veränderungen, die dann entstehen, wenn auch der Therapeut sich auf die familiäre Beziehung einläßt, sexuelle oder anderweitige Intimitäten annimmt und seine berufliche Rolle (bzw. das Ausstellen von Rechnungen oder das Anführen von Kassenleistungen) aufgibt. Einige hierzu:

– Eine ältere Therapeutin nimmt eine junge Frau, die ihre Hilfe sucht, soweit in ihren Haushalt auf, daß diese den Kindern Nachhilfeunterricht gibt und bei ihr übernachtet. Dabei «ergibt» es sich, daß die junge Frau ein sexuelles Verhältnis mit dem Ehemann der Therapeutin beginnt, das in der Therapie verschwiegen wird.

– Der Arzt, welcher unentgeltlich und mit großem Einsatz die schwerkranke Ehefrau eines Therapeuten betreut, war früher dessen Analysand.

– Im Rahmen der Therapie von Sexualstörungen werden in manchen Institutionen Frauen (von Männern habe ich noch nicht gelesen) eingesetzt, die in sonst unbehandelbaren Fällen als Partner-Ersatz dienen.

So kommen wir zu den Gemeinsamkeiten und Unterschieden zwischen Prostitution und Psychotherapie. Gemeinsam ist beiden zunächst einmal, daß Dienstleistungen, die ansonsten der Intimsphäre vorbehalten und familiär organisiert sind, als Ware angeboten werden. Standesorganisation, Ärztekittel, Abrechnungsziffern der Krankenkasse haben für den Therapeuten ähnliche Aufgaben, wie sie für die Prostituierte der Zuhälter oder die Puffmutter erfüllen: sie sorgen dafür, daß der Warencharakter der Beziehung zwischen Therapeut/Prostituierter und Klienten erhalten bleibt. Daß es solche Einrichtungen gibt, zeigt auch, wie schwierig es für die Prostituierte ist, ohne solche Hilfspersonen ihre Ware konsequent anzubieten und nicht in den familiären Charakter des intimen Austauschs zurückzufallen. Die Mahnungen an die Therapeuten, Rechnungen zu stellen, sich ausgefallene Stunden bezahlen zu lassen, auf einem angemessenen Honorar zu bestehen, richten einen ähnlichen Schutzwall auf. Wie Prostituierte bestehen auch Therapeuten auf einer Bezahlung unabhängig von der Befriedigung des Klienten, was sie z. B. von Handwerkern unterscheidet, die erst dann eine Rechnung stellen, wenn sie das Haus gemauert oder den Schrank gezimmert haben.

Gemeinsam ist weiterhin, daß es soziale Utopien gibt, in denen sie überflüssig sind. Die bloße Existenz von Prostitution wie von Psychotherapie ist ein Anzeichen dafür, daß die Gesellschaft einen wünschenswerten Zustand ihrer Organisation noch nicht erreicht oder verloren hat. Der Hure wie dem Therapeuten glaubt man nicht, daß sie ihre Berufsrolle ablegen können. Immer wieder sieht sich der Analytiker genötigt, in Gesellschaften außerhalb der

Psycho-Subkultur zu versichern, daß er seinen Röntgenblick nur auf Patienten richtet und sich angenehmere Tischgespräche vorstellen kann, als die zwischen Vorspeise und Hauptgericht servierten Träume der Gastgeberin zu deuten. In beiden Berufen spielt Verschwiegenheit eine zentrale Rolle; Kontakte mit Angehörigen beider Berufe können Politiker im Wahlkampf aus dem Rennen werfen.

Wo aber sind die Unterschiede? Weiß der Teufel, wo sie bleiben!... Ich möchte aber doch nicht mit dieser Pointe aufhören. Sicher, der Therapeut hat in der bürgerlichen Gesellschaft mehr Prestige, ist ihr aber auf seine Weise ebenso anrüchig wie die Prostituierte der Unterwelt. Man braucht ihn, aber man liebt ihn nicht – man ist froh, wenn man ihn verachten kann, ihn und das, wofür er steht. In seiner Psycho-Subkultur geschützt, merkt der Analytiker oft nicht, wie wenig er in den mächtigen Strukturen der Wirtschaft oder auch der Verwaltungen und der organ-orientierten, «naturwissenschaftlichen» Medizin gilt, wie sehr er eine lächerliche Figur geblieben ist. Diese Lächerlichkeit, die ein Stück Ächtung enthält, hat ihre Gründe. Sie hindert den Therapeuten, aus seiner kuscheligen Nische herauszutreten, in der er die von der Leistungskonkurrenz verletzten, von den Familien nicht genügend gestützten Patienten versorgen darf.

Die Rolle der Prostituierten ist nicht allein durch die sexuellen Bedürfnisse einer besitzorientierten Männergesellschaft bestimmt, in der Jungfräulichkeit und Keuschheit einen patriarchalischen Erbgang absichern. Dadurch entsteht zwar ein künstlicher Mangel an weiblicher Sexualität, der es erst ermöglicht, sie wie eine Ware zu handeln. Verbunden damit ist jedoch Verachtung der «sexuellen» Frau und der eigenen Sexualität des Mannes (die Hingabe an sie würden sein Funktionieren in Aggression und Konkurrenz behindern). Die Neigung sexuell durchaus nicht im Mangel lebender Männer, eine Prostituierte aufzusuchen, hängt damit zusammen, daß nur die verachtete, käufliche, zu jeder Perversion bereite Frau ihnen volle sexuelle Befriedigung verschaffen kann. Die Huren hüten, wie möglicherweise die Hexen vor einigen hundert Jahren, eine geheime Tradition, die entstellt ist, weil sie durch eine bürgerliche, progressive, wissenschaftliche Betrachtung gar nicht aufgenommen werden kann. Das Bordell ist das eindeutige Abbild des bürgerlichen Unbewußten; die Produzenten des Freud-Films wußten das ebenso wie Jean Genet.

Der Psychoanalytiker drückt den Versuch der bürgerlichen Gesellschaft aus, dieses verlorene Gebiet zu kartographieren. Er soll wirkungsvollere Ausgrenzungs- und Unterdrückungsmaßnahmen finden als schlichte moralische Verwerfung und emotionale Verdrängung. Seine Rolle ist teilweise die des *agent provocateur*. Daß er von seinen wissenschaftlichen Kollegen nicht ganz ernst genommen wird, daß er folglich unseriöser und unkonventioneller sein darf, erleichtert es ihm, das Vertrauen der Unterwelt zu gewinnen. Aber letztlich spioniert er für die Ordnungsmächte – oder?

Diplomat oder Schamane?

Hinter der angepaßten, aber an dieser Anpassung scheiternden Fassade des Patienten sucht der Analytiker dessen andere, kindliche Seite. Er fragt: «Was wünschen Sie sich *noch*?», wenn eine Frau ihren Mann anklagt, dessen Bedürfnisse sie jahrelang zu erfüllen suchte und der ihren Wunschverzicht nun nicht belohnt, sondern sich vor ihren Vorwürfen zurückzieht. Meist sind es Erstarrungen, Ideale, in der Kindheit unter großem inneren Druck übernommene Bilder, wie «man selbst» und «die Menschen» sein müssen, an denen seine Patienten scheitern.[9] Aber sie suchen die Ursachen für dieses Scheitern nicht in diesen lebensunfähigen Bildern, sondern in ihrem und im Versagen ihrer Mitmenschen. Der Analytiker soll, so der erste und lange Zeit einzige (jedoch versteckte, verleugnete) Wunsch, die innere Revolte gegen den Überanspruch des neurotischen Ideals bekämpfen helfen und dafür sorgen, daß dieses Ideal endlich doch in Erfüllung geht.

Der Analytiker verbündet sich mit seinem Patienten auf der Ebene der bürgerlichen Tauschbeziehung. Er läßt sich sozusagen als Fachmann für Psycho-Probleme akkreditieren. Doch nutzt er diesen Status, um die im Untergrund arbeitenden, anpassungsfremden und anpassungsfeindlichen Strebungen des Patienten zu entdecken und ihnen zu verstehen zu geben, daß er durchaus auf ihrer Seite steht, auch wenn er das wegen seines Diplomatenstatus nur insgeheim und unter Wahrung persönlicher Abstinenz tun kann.

Der gesunde, in sich mit seinen Gefühlen einige Mensch ist eine Utopie, ein Ideal, das ebenso schwierig erreichbar scheint wie eine Staatsform ohne Geisteskranke, Verbrecher und Prostituierte. Der Diplomat, der mit den schriftlosen Kulturen sympathisiert, die durch den Kolonialismus unterdrückt werden, wird sich immer wieder fragen müssen: nütze ich den Unterdrückten wirklich mehr als den Unterdrückern? Sind die kleinen Nischen befreiter Emotionalität, die wir in der Analyse oder in den Selbsterfahrungs- und Therapiegruppen herstellen, konsumierbare Spiel- und Erholungswiesen für die Opfer der Leistungskonkurrenz, der sinnlosen Arbeit? Oder sind wir wirklich Teil einer Alternativbewegung, die nicht nur solche Nischen schafft, sondern allmählich auch die Unbarmherzigkeit des Ganzen verändert?

Diese Fragen müssen immer wieder gestellt werden. Mir fällt noch zu ihnen ein, daß das Streben nach Veränderung des Ganzen, der «Gesellschaft», wie sie in aller Munde ist, gerade ein Stück weit jene bürgerlichen Perfektionierungsprozesse fortsetzt, welche die Arbeit, die Freizeit und zum guten Teil des Gefühlslebens dem Kapital und seinen Zwängen unterwerfen. Vielleicht sollten wir zufrieden sein, wenn wir für einige Stunden uns selbst und einigen unserer Patienten ein Stück Erleichterung verschaffen können? Vielleicht sollten wir sehen, daß es einerseits im Kapitalinteresse liegt, die Realität in der Gesellschaft schlechterdings zu verleugnen («Freiheit statt Sozialismus»), daß aber andererseits das ständige Pochen auf einer Veränderung der Gesellschaft uns die trügerische Überlegenheit gibt, gar keine Alternative anzupacken, weil sie uns gleich die Warnlichter «systemstabilisierend» aufflackern läßt. Wir haben dann noch das Plus, daß wir alles, was andere tun, ironisch oder wehmütig (aber überlegen) kritisieren können und uns endlich kaum mehr von den Eltern des unglücklichen Fritz Zorn unterscheiden, die alle ihr heiles Weltbild störenden Vorstellungen mit dem Wort «schwierig» abwiesen.[10]

So kann ich mir vielleicht Raum für das Bekenntnis schaffen, daß ich nach zehn Jahren, trotz mancher Abnutzungserscheinungen, meine Arbeit immer noch lieben und mich für sie begeistern kann – sowohl die Einzelanalyse als auch die Gruppentherapie. Wenn einige Menschen zusammen wieder jene archaischen Ebenen des Fühlens erreichen, in denen der Schmerz über Kränkungen, über früh erlittene Verluste an Liebe, über verlorene Möglichkeiten für alle zusammen faßbar wird und eine vorher nicht mögliche Dichte der Beziehungen schafft, habe ich gelegentlich das Gefühl, ein Instrument zu handhaben, das tatsächlich Besitz von mir ergreift. Ich wage mich an die Geheimnisse und Schmerzen anderer Menschen, vor denen ich ohne den Schutz und die Teilnahme der ganzen Gruppe zurückschrecken würde. Ich bin meiner selbst sicher, während ich mich sonst oft schüchtern und hilflos fühle, ich empfinde mich im Besitz einer Macht, die ich jedoch nur so lange in Händen halte, wie ich sie für die Gruppe handhabe – sie darf nicht der Zerstörung, der Aggression dienen, sondern nur der Vertiefung jener Gemeinsamkeit des Erlebens, die für mich einzige Möglichkeit einer emotionalen Beziehung zu den verlorenen Ritualen der schriftlosen Kulturen bietet.

Der Analytiker als Schamane, seine Gruppe (oder der Clan, die Totembrüderschaft seiner Patienten) als Stammeskultur in den Dschungeln und Steppen der Industriegesellschaft – diese Bilder berühren mich, und gleichzeitig distanziere ich mich ironisch von ihnen. Ich kann diesen Widerspruch nicht auflösen. Ich bin Diplomat und Schamane, Wissenschaftler und abergläubisch, Verkäufer von Ware auf einem innerseelischen Markt und Opfer der eigenen Tauschbeziehungen, und ich kann gewiß von keinem Psychoanalytiker erwarten, daß er mir diese Widersprüche klärt.

In einem Standardwitz über den Psychoanalytiker, der ihm gelegentlich erzählt wird, um ihn zu ärgern, leidet der kleine Moritz unter Bettnässen. Der Erfolg der Behandlung liegt nun nicht darin, daß das Bettnässen verschwindet, sondern daß es dem Moritz Spaß macht. Mir fallen dazu noch einige andere bissige Dinge ein, die innerhalb und außerhalb der Analyse gesagt werden. Schon erwähnt wurde Karl Kraus' Ansicht, daß sie ein Symptom dessen ist, was sie zu behandeln vorgibt, und sich allenfalls selbst entlarven kann. Von mürrischen Therapeuten hört man, daß Neurotiker in der Regel die Analyse verwenden, um ihre Neurose zu vervollkommnen. Wenn die Motivation zum Therapeuten-Beruf (das Helfer-Syndrom) ihrerseits neurotische Qualitäten hat, läßt sich die Gedankenkette über die Perfektionierung der eigenen Neurose durch die Analyse durchaus auch auf den Therapeuten anwenden. Doch gleichzeitig werden dadurch Begriffe wie «Neurose» und «Therapie» ad absurdum geführt – und das geschieht ihnen eben recht, wenn sie durch ihre positivistische Versachlichung ein Wissen und eine feste Gestalt vortäuschen, die sie gar nicht haben.

Die oben zitierten, ironischen Anmerkungen zur psychoanalytischen Profession drücken aus, daß ihre Solidität schon immer angezweifelt wurde. Gerade das sollte uns der Analyse gegenüber wohlwollend stimmen, daß sie soviel Mühe hat, seriös zu sein. Die Analyse ist keine medizinische Technik, die zu voraussagbaren Ergebnissen führt. Gerade das macht sie vertrauenswürdig, denn mit Techniken, die zu voraussagbaren Ergebnissen führen, haben wir bereits wirklich unheimliche Erfolge in der Zerstörung dieses Planeten erzielt. Der Vergleich des Psychoanalytikers mit dem Schamanen ist in vielen Punkten problematisch, vor allem auch deshalb, weil die zahlreichen Schritte der Entwicklung einer arbeitsteiligen, an Geldwirtschaft und Warenprinzipien orientierten Gesellschaft übersprungen werden. Der Schamane ist auf der einen Seite weit einflußreicher, auf der anderen viel weniger professionalisiert und spezialisiert. Auf einer steinzeitlichen Kulturstufe mangelt es der Gesellschaft so sehr an Tauschwerten, daß der Heiler seine Kraft aufgrund sozialer (narzißtischer) Belohnungen allein einsetzt. Andererseits arbeitet er nicht in einer Nische außerhalb der vorherrschenden gesellschaftlichen Strömungen, sondern beeinflußt das Herz der Gesellschaft. Wenn ein Therapeut diese Position heute wieder anstrebt, muß er seine eigene Stammeskultur gründen und seine Anhänger ihrem eigenen gesellschaftlichen Entwicklungsstand entfremden, indem er sie zu unmündigen Gläubigen macht, die seine Sprüche nachbeten. Die Verführung dazu ist für den Therapeuten groß, denn es liegt für ihn auf Grund der gesellschaftlichen Entwicklung mehr und mehr nahe, aus einem Patienten einen neuen

Therapeuten zu machen. Die neuen Stämme müssen jedoch nicht in der Natur, sondern in den unübersichtlichen, bürokratischen Systemen der Industriegesellschaft überleben. Dazu bieten sie therapeutische Dienstleistungen an und sichern sich mit den Möglichkeiten des bürgerlichen Rechts ab. A. Janov hat «Primärtherapie» als Warenzeichen eintragen und schützen lassen. Die Primärtherapie scheint mir, ebenso wie die Ammonsche Gruppe in der Psychoanalyse, ein sehr gutes Beispiel für eine Therapie-«Schule», die eher neue Therapeuten produzieren kann als geheilte Patienten. Wieder ist die Frage unausweichlich: Was heißt «geheilt»? Wir können die existierende Gesellschaftsform als festen Orientierungsrahmen benützen und es als «Heilung» ansehen, wenn jemand in ihr ungestört «lieben und arbeiten» kann. Solange eindeutige Symptome vorliegen, läßt sich Heilung noch klar fassen: Wer künftig ohne Magengeschwüre, Herzängste oder einen Waschzwang leben kann, ist geheilt, auch wenn er über seine Arbeit oder eine Ehe unglücklich bleibt. Strebt jedoch ein Patient befriedigendere Liebesbeziehungen oder eine sinnvollere Tätigkeit an, dann ist es schwer, eine Heilung zu erkennen. Und gerade diese Patienten suchen oft und engagiert die Hilfe der Therapeuten. Aus ihnen rekrutieren sich die therapeutischen Stammeskulturen mit ihren Initiationen und Riten.

Der zivilisatorische Fortschritt hat die Subjekte unaufhaltsam entmachtet. Solange neben Faustkeil und Grabstock persönliches Wissen, Unerschrockenheit und Ausdauer das Überleben sichern, ist der Bereich seelischer Einflußnahme sehr groß. Je mehr die technischen Möglichkeiten wachsen, desto kleiner wird er. Der «Prothesengott» Zivilisationsmensch hat nicht nur Macht aus seiner Beherrschung der Natur erworben, sondern auch seine natürlichen Gliedmaßen geopfert. Das betrifft seinen Körper (ich denke an die zahlreichen, durch Bewegungsmangel entstehenden Krankheiten), weit mehr aber seine seelischen Kräfte. Kein Psychoanalytiker kann sich heute anmaßen, wirklich die gesamte Umwelt seines Patienten zu überblicken und in ihr etwas zu verändern. Für den Schamanen ist der erste Anspruch sicher erfüllbar, der zweite mit hoher Wahrscheinlichkeit (nämlich dann, wenn wir die aus vielen Beobachtungen belegbare Vermutung akzeptieren, daß in der Welt des Schamanen seelische Kräfte normal sind, die wir heute paranormal oder parapsychologisch nennen).

Der Analytiker muß sich damit bescheiden, daß – so die Formel, die jeder Auszubildende einmal hört – «die äußere Realität nicht analysierbar ist». Wenn ein Patient am Arbeitsplatz ausgebeutet, ein Kranker in der Klinik falsch behandelt wird, teilt der Analytiker seine Ohnmacht. Er kann allenfalls klären, daß sich eine neurotische Aggressionshemmung durch besonders unterwürfiges Verhalten am Arbeitsplatz äußert. Diese Blockade kann analysiert und z. B. eine sadistische Phantasie hinter ihr aufgedeckt werden. Das mag den Patienten irgendwann einmal befähigen, gegen seine Ausbeutung zu kämpfen. Ich versuche gelegentlich, die irrationalen Eltern-Erwartungen herauszuarbeiten, die viele Arbeit-«nehmer» (gerade im sozialen Bereich) hindern, Forderungen durchzusetzen. Aber ich vermeide es, den Gewerkschaftseintritt eines Patienten zu organisieren. Ein Schamane zögert hier nicht (im übertragenen Sinn), die Gewerkschaft auch erst einmal zu erschaffen, wenn es sie noch nicht gibt. Sein Anliegen ist nicht nur das erkrankte Individuum, sondern die Störung in der ganzen Gruppe, das ökologische Gleichgewicht, in dem die primitive Gesellschaft mit ihrer Umwelt leben muß. Gemessen an solchen Gleichgewichtskriterien, sind uns die schamanistischen Kulturen weit überlegen. Sie haben bereits bewiesen, daß sie einige hunderttausend Jahre in einer ausgeglichenen Situation mit ihrer Umwelt leben können, während die technische Zivilisation sich selber jeden Tag das Gegenteil beweist – in den wenigen hundert Jahren, die sie existiert.

Der Schamane behält im Gegensatz zum Analytiker keinen klaren Kopf. Trance und Ekstase gehören zu den Bedingungen seiner Arbeit. Das bedeutet, daß er unmittelbare Macht besitzt, jedoch auch selbst ein Besessener ist, der diese seelischen Kräfte nicht für seine persönlichen Ziele verwenden kann. Der Analytiker hingegen wird geschult, das Irrationale, welches ihm begegnet, auszuhalten und sich nur soweit ergreifen zu lassen, daß er seine «gleichschwebende Aufmerksamkeit» nicht verliert. Dadurch verrät der Analytiker auch, daß er einer Epoche angehört, in der die Ausbeutung der Natur mit Hilfe technischer Mittel an die Stelle des Lebens mit der

Natur und in der Natur getreten ist. Wesentlich scheint mir dabei, daß die einzelnen rationalen Schritte einer Ausbeutung der Natur insgesamt vernunftwidrige, von niemandem gewollte Folgen haben, während die offensichtliche Irrationalität des Totemismus und ähnlicher Formen des «wilden Denkens» zu einer Harmonie zwischen Primitivkultur und Natur führten, die uns heute als hohes Maß kulturgewordener Vernunft anmutet.

Freud hat gezeigt, daß es ein «Unbehagen in der Kultur» gibt, aus dem uns drei Auswege offenstehen: die Liebe, die Droge und die Arbeit. Er persönlich bevorzugte den dritten Weg. Ich habe versucht, hier zu prüfen, inwieweit gerade der scheinbar rationale Ausweg der Arbeit im besonderen Fall des Psychoanalytikers irrationale Seiten gewinnt. Freud sah die wesentlichste kulturelle Einschränkung in der sexuellen Befriedigung. Heute liegt sie nicht mehr in den Schranken, die den aktiven erotischen Wünschen gesetzt sind, sondern eher in der Einschränkung und Unerfüllbarkeit passiv-narzißtischer Bedürfnisse (z. B. von einem idealen Partner geliebt zu werden) und aktiv-narzißtischer Strebungen (z. B. einen sinnvollen Beruf zu haben). Der Psychotherapeut droht zum Parasiten zu werden, wenn die Arbeitswelt als solche für die Individuen immer unerträglicher wird und er nur dadurch, daß er sich auf die Beschädigungen dieser Individuen konzentriert, noch ein Stück Sinn und Erfüllung findet. Diese parasitäre Existenz mag entschuldbarer sein als die des Soldaten oder des Staatsanwalts. Aber solche Tröstungen sind fragwürdig genug.

Übertragung und Beziehung

Die Übertragungsanalyse gilt als Vorgehen eines objektiven Fachmanns zum Zweck der Heilung einer Neurose. Dreht man dieses Etikett um, das in den psychoanalytischen Ausbildungen immer noch abgeschrieben und memoriert werden muß, dann steht auf der Rückseite: Kunstgriffe, um zu verleugnen, daß Analytiker und Patienten Ersatzfamilien schaffen. Übertragung und (familiäre) Beziehung lassen sich nicht säuberlich trennen, sondern stehen in einem dialektischen Verhältnis: Wo ich die Übertragung analysiere, muß ich die neben ihr bestehenden Beziehungen abwehren – wo ich mich auf die Beziehung einlasse, kann ich die Übertragung nicht mehr verdeutlichen.

Die Entwicklung der psychotherapeutischen Verfahren für die vielfältigsten, oft völlig außerhalb der klassischen Arbeit mit Patienten liegenden Zwecke hat auch dazu geführt, daß diese Dialektik mehr und mehr verschleiert wird. In der «klientenzentrierten» Methode von Carl Rogers etwa wird die familiäre Beziehung (offen, authentisch usw.) idealisiert und als Therapeutikum angesehen; die Übertragungsanalyse ist passé. Diese Entwicklung erinnert mich an die vielfältigen Versuche im Spätkapitalismus, die Tauschverhältnisse zu verschleiern (z. B. nicht Zigaretten oder Parfum zu verkaufen, sondern Lebensgefühle als Cowboy, Pilot, Fotomodell). Gegenüber den «humanistischen» Therapiebestrebungen finde ich die Versuche, Übertragung und Beziehung zu unterscheiden, unzeitgemäß, aber wesentlich. Der Patient sucht eine alte Familienbeziehung auf die neue Tauschbeziehung anzuwenden. Die Geschicke dieses Versuchs, einfühlend verfolgt und in ihrem notwendigen Scheitern verstanden, machen einen Schritt zu mehr Selbständigkeit vielleicht möglich.

Aufgeben sollten wir die Ansicht, daß der Analytiker hierbei weniger das Opfer eines insgesamt irrationalen Prozesses ist als sein Patient. Der Analytiker kann lediglich den Patienten besser verwenden, um seine eigene Abwehr aufrechtzuerhalten, als das für den Patienten mit dem Analytiker möglich ist. Das ist zumindest die Situation zu Beginn des analytischen Prozesses.

Doch dieser Prozeß verändert beide Beteiligten. Daher ist es auch eine Illusion zu glauben, daß jede Übertragung durchanalysiert und damit die Analyse abgeschlossen werden könne. Freud hat hier seine Zweifel nie ganz verhehlt (etwa in «Die endliche und die unendliche Analyse»)[12]. Die Psycho-Szene ist voll von Analysanden und Analytikern, die ihre unvollständig analysierten Übertragungen mit sich herumschleppen. Ich finde es in dieser Situation sehr entlastend, mich von der Idealforderung zu befreien, daß die Übertragung ohne Rest analysiert werden sollte, wie eine Bruchrechnung, die sich zu ganzen Zahlen auflösen läßt. Es gibt keine Gleichung wie: Beziehung geteilt durch Übertragung = Honorar des Analytikers.

Einige Jahre lang jede Woche einem Menschen genau zuzuhören und sein Unbewußtes zu erforschen, schafft eine merkwürdige seelische Situation. Im günstigen Fall einigen wir uns, meine Geschichte, meine aktuellen Bedürfnisse wegzulassen und uns auf die Geschichte und die Bedürfnisse des Patienten zu konzentrieren. Wenn es sich später ergibt (und in analytischen Ausbildungsinstituten läßt sich das oft nicht vermeiden), daß ich mit einem früheren Analysanden zusammenarbeiten muß, dann erlebe ich oft zunächst eine ausgeprägte Unsicherheit, die sich aus der Einseitigkeit des Sich-Kennens ergibt. Ich spüre die Abwehr, die in der analytischen Rolle steckt, sehr deutlich und habe Mühe, ein entspanntes Verhältnis zu finden. Ich bedauere es manchmal, daß es mir bisher noch nicht möglich war, die Situation umzukehren, selbst einmal zu einem meiner Analysanden in Analyse zu gehen, und ich vermute manchmal, daß einige Änderungen in meinem Leben auf das zurückzuführen sind, was ich unbewußt von meinen Patienten übernommen habe.

Mir scheint es pseudovernünftig, mit diagnostischen Kriterien – etwa «Neurose» gegenüber «Grenzfall» oder «Psychose» – abgrenzen zu wollen, wo der Analytiker seine Übertragungsanalyse durchführen kann und wo nicht. Solche Etiketten lassen außer acht, welche speziellen Möglichkeiten und Bedürfnisse ein individueller Therapeut hat und inwieweit seine Person die Dynamik von Übertragung und Beziehung bestimmt. Die Probleme mit angeblich nicht analysierbaren oder nicht auflösbaren Übertragungen hängen jedenfalls sehr oft damit zusammen, daß der Therapeut ein Stück Beziehung zum Patienten, das ihn zu sehr bedroht, abwehren muß. Und er muß es möglicherweise deshalb abwehren, weil er nicht seine Berufsrolle genauer betrachten will, weil er von einem naiven bürgerlichen oder gar handwerklich-zunftmäßigen Modell seiner Arbeit ausgeht: «Wer ist denn hier Gruppenleiter (der Analytiker, der Arzt) – Sie oder ich?»

Diese Frage geht von einer klaren Grenze zwischen den Bedürfnissen des Patienten und denen des Analytikers aus – und von einer eindeutigen Trennbarkeit der Geld- und Sinninteressen in der Arbeit des Analytikers. Solange der Analytiker – wie zu Freuds Zeiten – hier keine eindeutig besseren Befriedigungsmöglichkeiten hatte als die meisten seiner Analysanden, war diese versteckte Ausbeutung wenig wesentlich. Je entfremdeter und abstrakter die Arbeit in den meisten Berufen wird, desto deutlicher verschiebt sich hier das Gleichgewicht. Mir scheint, daß nur ein Stück mehr realistischer Beziehung vor dem Hintergrund einer gemeinsamen Betrachtung der gesellschaftlichen Orte von Patient und Analytiker die Möglichkeiten wiederherstellen kann, in der Psychoanalyse eine für zwei Menschen sinnvolle Zeit zu verbringen. Sonst rationalisieren beide ihre gemeinsame Flucht in das Irrationale, in die Beschäftigung mit dem Unterbewußten, ihren Eskapismus angesichts der übermächtigen, entfremdeten Zweckrationalität der Industriegesellschaft und ihrer Technokraten. Dann gedeihen der Analysekult («erst nach sieben Jahren konnte ich *wirklich* meine Vaterproblematik bearbeiten»), die therapeutischen Sekten und das Gerede vom unbegrenzten emotionalen Wachstum angesichts einer Umweltsituation, in der wegen der Wachstumszwänge der industriellen Produktion am Ende keine Planzen mehr wachsen können. Mindestens in diesem Punkt fühle ich mich den Schamanen verbunden: ich glaube wie sie, daß das eine nicht ohne das andere möglich ist – das Gedeihen einer ausgewogenen Vielfalt von Gefühlen und Wünschen nicht ohne eine Umwelt, in der noch verschiedene, wilde und nützliche Pflanzen gedeihen.

Anmerkungen

1 «Wenn ich die Oberen nicht beugen kann, werde ich die Unterwelt in Bewegung setzen.» Diesen Vers aus Vergils «Aeneis» wählte Freud als Motto der «Traumdeutung».

2 F. Schiller. Der Taucher. Freud zitiert diesen Vers beifällig, nachdem er «dunkle Modifikationen des Seelenlebens», wie Mystik, Trance und Ekstase, erwähnt hat, in «Das Unbehagen in der Kultur», G. W. XIV, S. 431.

3 Vgl. S. Freud, «Bemerkungen über die Übertragungsliebe», *Ges. Werke*,

X. Freud sieht in einem sexuellen Entgegenkommen des Analytikers den Triumph der Neurose über die Kur, was freilich eine ganz andere Bedeutung gewinnt, wenn der in der Neurose enthaltene Protest gegen die gesellschaftliche Anpassung ernst genommen wird.

4 M. Balint, *Therapeutische Aspekte der Regression*, Stuttgart 1970.

5 M. Balint, a. a. O.

6 W. Schmidbauer, *Die hilflosen Helfer*, Hamburg 1980.

7 Entsprechende Konflikte zwischen dem regressions- und depressionsfreudigen Ausdrucksverhalten von Angehörigen der sozialen Berufe und dem kontradepressiven Verhalten von leitenden Angestellten und anderen «Machern» habe ich immer dann in den Selbsterfahrungsgruppen beobachtet, wenn sich (was nicht sehr häufig geschieht) ein Exemplar der letzteren Art unter die Helfer verirrte.

8 Dieser Vergleich ließe sich noch weiterführen: die «neuen» psychotherapeutischen Verfahren sind häufig, verglichen mit den «alten», etwa der Psychoanalyse, so neu wie ein Volkswagen von 1981 gegenüber dem «alten» Käfer. Jede neue Therapietechnik redet von ihren Verbesserungen mit demselben Optimismus, mit dem die Autoverkäufer ihre neuen Modelle anbieten. Kurzum: Es geht meist gar nicht um echte Innovation, sondern um das Bemühen der Psychotherapeuten, den Bedürfnissen des inneren Marktes gerecht zu werden und mit immer größeren Worten das Blaue vom Himmel zu versprechen (Bioenergetik ... life energy ... rebirthing ...). Warum auch sollten die sozialen Dienstleistungsberufe von den warenästhetischen Grundprinzipien des modernen Marketing verschont bleiben?

9 Mehr darüber in W. Schmidbauer, *Alles oder nichts. Über die Destruktivität von Idealen*, Hamburg 1980.

10 F. Zorn, *Mars*, München 1977

11 Ich ziehe diesen Ausdruck dem heute meist von Psychologen gebrauchten «Klient» vor, weil auch durch diese Umbenennung die therapeutische Beziehung verschleiert wird. Ein Klient hat ein sachliches Anliegen, ein Patient sucht Erleichterung für sein Leiden. Es ist für den Therapeuten angenehmer, wenn er das Leiden des Patienten versachlichen, ihn zum Klienten stempeln kann.

12 S. Freud, «Die endliche und die unendliche Analyse», Gesammelte Werke Bd. XVI.

4. Vom Über-Ich zum Über-Es

Sprachverwirrungen in der Psychoanalyse

Im Jahr 1932 hielt Sandor Ferenczi in Wiesbaden einen Vortrag, in dem es vor allem um die Sprachverwirrung zwischen Erwachsenen und Kindern ging. Das Kind stellt sich vor, mit dem Erwachsenen ein Spiel der Zärtlichkeit zu spielen – die Mutterrolle –, während der Erwachsene darauf in der Sprache der Leidenschaft antwortet. Die Folgen dieser Situation sind zerstörerisch. Der Erwachsene zieht sich zurück. Das Kind bewältigt Entsetzen und Angst dadurch, daß es sich mit dem Angreifer identifiziert und mit ihm auch die Schuldgefühle verinnerlicht, die der Erwachsene wegen seiner Tat verspürt. Durch Ich-Spaltung sucht das Kind die ursprüngliche Zärtlichkeitssituation aufrechtzuerhalten. Das hat zur Folge, daß es später von tiefen Regressionen bedroht ist und in einer Psychoanalyse auch wirklich wieder zum Kind wird.[1] Die Abspaltungen werden so zahlreich, daß es endlich zu einer Fragmentierung der Persönlichkeit kommt, zu jenem uns heute bei Borderline-Patienten bekannten Erscheinungsbild, daß im Erleben der Betroffenen wie in einem brodelnden Topf bald die eine, bald eine völlig andere Erlebnis- und Beziehungsform hochkocht. Der Therapeut ist heute der beste Mensch der Welt, warmherzig und liebenswert; morgen eine gefühlskalte Bestie, die noch nie jemandem etwas Gutes getan hat. Ferenczi sprach anschaulich von Patienten, die nur aus Es und Über-Ich zu bestehen scheinen. Auch im Denken fehlt der Einfluß eines hilfreich zugewandten Objekts, der die einzelnen Ich-Leistungen erst miteinander verknüpft.

Umstrittener als diese hier in groben Umrissen wiedergegebenen Überlegungen zur Entstehung schwerer seelischer Störungen waren Ferenczis therapeutische Vorschläge. Sie entfernten ihn weit von dem, was damals als «analytische Technik» angesehen wurde. Heute bieten sie einen Ansatz zu Überlegungen, die vielleicht helfen, die Sprachverwirrung über die Grenzen des Analytischen wenigstens ansatzweise aufzuklären. Ferenczi hatte beobachtet, daß keineswegs alle Patienten konstruktiv auf Deutungen antworten. Die erhoffte Erleichterung durch die Einsicht in Übertragung und Widerstand, die Trockenlegung der Sümpfe des Unbewußten bleibt aus. Der Patient scheint verwirrt oder sogar gekränkt. Er fühlt sich abgewiesen, nicht verstanden. Er kann die Unlust nicht aushalten, mit der ihn die Deutung bekannt macht. Er blockiert die analytische Situation durch unzugängliche Projektionen. Es geht ihm schlechter und nicht besser.

Ferenczis Vorschläge gingen in zwei Richtungen. Einmal sollte der Analytiker seine berufliche Heuchelei aufgeben, die ihn normalerweise bewegt, die unmittelbare Gefühlsäußerung in der Analyse zu vermeiden. Er soll seine Empfindungen möglichst offenlegen, denn diese Patienten sind für jede Unaufrichtigkeit höchst empfindlich und reagieren auf sie mit gesteigerter Spannung, ja, mit Panik. Diese – so Ferenczi – könne vermindert werden, wenn der Analytiker, anders als die kränkenden Eltern, seine wahren Gefühle und Gedanken mitteilt. Zum anderen sollte der Analytiker dort, wo er sich durch Deutungen nicht verständlich machen kann, wirklich handeln. Gefordert ist ‹mütterliche Freundlichkeit›, eine ‹Kinderanalyse für Erwachsene›, ja, eine ‹Verzärtelung›. Alle diese Worte gebraucht Ferenczi und geht in Einzelheiten, welche die Grenzen professionellen Helfens aufzuheben scheinen: «Mit Aufopferung aller Rücksichten auf eigene Bequemlichkeit gibt man den Wünschen und Regungen soweit als möglich nach ... Man verlängert die Analysenstunde ... man läßt den Patienten nicht allein, bevor die unvermeidlichen Konflikte in der analytischen Situation durch Aufklärung der Mißverständnisse und Rückführung auf die infantilen Erlebnisse in versöhnlichem Sinn gelöst sind. Man verfährt also wie eine zärtliche Mutter, die abends nicht schlafen geht, ehe sie alle schwebenden kleinen und großen Sorgen, Ängste, bösen Absichten, Gewissensskrupel mit dem Kind durchgesprochen und in beruhigendem Sinn erledigt hat.» [2] Der Analytiker fängt an, die tiefe Regression durch seine eigenen Verhaltensweisen mitzugestalten. Er versucht, die nicht-verbale Sprache des Patienten zu entziffern und antwortet auf sie mit Spielhandlungen und Gesten.

Diese Gesten waren es, die damals in Wiesbaden fast zu einem Eklat geführt hätten und auf jeden Fall die langjährige Freundschaft zwischen Freud und Ferenczi beendeten. Freud wandte sich bereits 1931 energisch gegen Ferenczis Vorschläge, als er erfahren hatte, daß dieser sich von seinen Patientinnen küssen ließ. Er habe Sorge, daß ‹andere auf diesem Weg weitergehen könnten und daß schließlich die psychoanalytische Kur zu einer ‹Petting-Party› entarten könnte›![3]

Ich will hier nicht weiter bei einer Darstellung dieser Kontroverse verweilen, in der die meisten Analytiker früher eindeutig die Postition der Abstinenz vertreten haben, während spätere – wie Balint und Cremerius[4] – nach einem ausgewogenen Verhältnis suchen. In jüngster Zeit gibt es sogar Versuche, den Ansatz Ferenczis parteiisch dem Freuds vorzuziehen[5]. Mir scheint ein anderer Gesichtspunkt wichtig. Es soll nicht mehr darum gehen, diese Kontroverse zugunsten der einen oder anderen Meinung zu entscheiden, sondern eine spezifisch analytische Perspektive dafür zu entwickeln, was nun eigentlich analytisches Vorgehen heißt.

Die analytische Vorgehensweise unterscheidet sich grundlegend von den Verfahren der ärztlichen Pädagogik, aus denen sie sich entwickelt hat. Diese sind keine medizinischen Techniken im engeren Sinn. Hypnose, Suggestion und Persuasion, die, als Freud mit seiner Arbeit begann, mit mehr oder weniger gutem Erfolg gegen das neurotische Leid angewendet wurden, sind Mischungen aus erzieherischen und medizinischen Traditionen. Wie sonst der Erzieher oder der Pfarrer gibt der Arzt Ratschläge, spricht Aufforderungen aus. Die Situation der Psychotherapie zu Freuds Zeit ist gekennzeichnet von den vielfältigsten Versuchen, mit den neurotischen Problemen fertigzuwerden, die von ratlosen Familienmitgliedern und gesellschaftlichen Autoritäten den Ärzten zugeschoben, aber auch von diesen aufgegriffen und angezogen wurden. Bis heute trägt die Psychiatrie Spuren dieser Situation, zum Beispiel ihren Legitimationszwang als medizinische Disziplin durch höchst elaborierte

Diagnostik ohne entsprechende therapeutische Konsequenzen oder durch die Behandlung seelischer Symptome mit fragwürdigen, aber eindrucksvollen technischen Mitteln, zum Beispiel Elektrokrämpfe oder Medikamente. Zu Freuds Zeit waren die Behandlungsmöglichkeiten dürftiger, der Rechtfertigungszwang noch größer. Es gab angesehene Ärzte, die mit wirkungslosen (wie der Behandlung mit faradischem Strom) oder grausamen Mitteln (wie schmerzhaften Stromstößen für die Kriegsneurotiker) versuchten, ärztliche Autorität in Bereichen zu gewinnen, wo das bisherige Krankheitsmodell nicht mehr verfing.

Vor diesem Hintergrund wird der epochal neue Charakter der analytischen Methode deutlicher. Sie überschreitet die Grenzen einer auf Suggestion oder Dressur abgestellten Verfahrensweise. Der Arzt versucht, zusammen mit dem Patienten zu verstehen, wo die Quellen seines Leidens liegen. Es geht darum die Verdinglichung aufzuheben, die ein neurotisches Symptom enthält, und auf diese Weise dem Patienten eine neue, freie Entscheidung zu ermöglichen. Er soll über Gefühle und Wünsche reden, die er sonst unterdrückt. Er soll sie anschauen, nicht allein, sondern vom Analytiker unterstützt, wenn dieser das im Strom der freien Einfälle nur Angedeutete aufgreift und klarer formuliert. Der Patient soll ungeeignete Formen der Bewältigung des Nichtgesellschaftsfähigen durch geeignetere ersetzen – Verdrängung und Symptombildung etwa durch den bewußten Verzicht, durch Trauerarbeit.

Nun findet die Analyse nicht nur in einem geschützten Raum zwischen zwei Menschen statt, sondern in einem gesellschaftlichen Umfeld, das sie beeinflußt. In seinen Überlegungen über die künftigen Chancen der psychoanalytischen Therapie[6] hat sich Freud zu diesem Thema Gedanken gemacht. Er verglich die Gegenwart mit der Situation eines Chirurgen, dem neidische Kollegen ins Operationsgebiet spucken, und hoffte auf eine künftige, gesellschaftliche Anerkennung der Analyse. Er erwartete sogar, die Zahl der Neurosen würde zurückgehen, wenn die Patienten nicht mehr einfach ihre Symptome haben, sondern sich mit den kulturelles Allgemeingut gewordenen Erklärungen derselben auseinandersetzen müssen. Wir wissen heute, daß diese Hoffnung sich nicht erfüllt hat. Die populär gewordenen Erklärungen analytischer Zusammenhänge werden von unseren Patienten in der Regel eher dazu verwendet, ihren Widerstand um einige besonders hartnäckige Komponenten zu erweitern. Schon in seinen Bemerkungen zur «wilden Analyse» ist Freud erheblich vorsichtiger geworden.[7]

Um die Jahrhundertwende war es eine revolutionäre Tat, stets der übermäßigen Freizügigkeit verdächtig, überhaupt offen über die triebhafte Seite des Menschen zu sprechen. Vielleicht erklärt es sich daraus, daß die frühen technischen Schriften Freuds so sehr die Abstinenz betonen. Sie belassen die Zuwendung des Analytikers eher in einem regel- und sprachfreien Raum. Als sich die ersten Ausbildungsinstitute konstituierten, wurde der Werdegang der Analytiker mehr als bisher bürokratisch geordnet. Freuds Gleichnis vom wohlgeschliffenen Spiegel, in den der Patient sein Bild entwirft, entwickelte sich zu einem scholastisch entworfenen Regelsystem. Darf der Analytiker bei der Arbeit einen Ehering tragen? Darf er ein Bild an der Wand hängen haben oder erzählen, wohin er in Urlaub fährt? Darf er darauf eingehen, wenn der Patient einen Termin verlegen möchte, weil ein Kind krank ist? Darf er einen Blumenstrauß, ein Buch annehmen, die der Patient mitbringt? Ist es «unanalytisch», einem Patienten Glück zu wünschen, der sich am nächsten Tag einer chirurgischen Operation unterziehen muß?[8]

Um die Bedeutung des Wortes «analytisch» zu klären, ist es sinnvoll, dessen Geschichte zu untersuchen. Freud hat bereits in seiner ersten psychologischen Arbeit über «Die Abwehr-Neuropsychosen» (1894) immer wieder von psychologischer Analyse, psychischer Analyse und hypnotischer Analyse gesprochen. Zwei Jahre später verwendet er den Ausdruck Psychoanalyse. 1918 erläutert er noch einmal ausführlich, daß er den Ausdruck durchaus in Analogie zur Chemie verstehe: Die Symptome des Patienten sollen in ihre Elemente, das heißt Motive, Triebregungen zerlegt werden, wie der Chemiker aus einem Salz das chemische Element ausscheidet, das unkenntlich in ihm steckt. Allerdings findet diese Analogie – so Freud – ihre Grenze darin, daß es im Seelenleben eine natürliche Tendenz zur Vereinheitlichung und Synthese gibt. Daher tritt das befreite Element sofort in einen neuen Zusammenhang. Die Psychosynthese findet ohne das Eingreifen des Therapeuten unausweichlich statt.[9]

Nun bildet der wohlgeschliffene analytische Spiegel nur dann scharf ab, wenn der Patient die Ruhe hat, in ihn zu blicken. Kann er das nicht, dann hilft die beste Politur nicht. Wenn die analytische Aufgabe grundsätzlich die Aufklärung eines Menschen über ihm unverständliche Symptome oder anderweitige Schwierigkeiten ist, dann gewinnt das Umfeld an Interesse, welches ermöglichen muß, daß der Analysand in die Lage kommt, etwas in dem Spiegel zu erkennen. Der Spiegel ist Teil eines größeren Systems, in dem viele Einflüsse eine Rolle spielen. Nur in einer Betrachtung dieses Systems kann entschieden werden, ob eine Handlung des Analytikers seine Aufgabe fördert oder nicht. Diese Aufgabe ist es, Menschen zu neuen, von größeren Freiheitsgraden bestimmten Entscheidungen über ihr Leben zu verhelfen.

Ich will jetzt einige Begriffe diskutieren, die in diesem Umfeld eine Orientierung erlauben. Leo Stone hat in seiner Arbeit über die analytische Situation das unangemessene, eine masochistische Unterwerfung des Patienten erzwingende Abstinenzgebot getadelt.[10] Er wies auf Grund der Literatur und der Patientenberichte darauf hin, daß Freud immer ein menschliches, von Wärme und Takt bestimmtes und oft sehr persönliches Verhältnis zu seinen Patienten pflegte. Er schenkte ihnen Blumen, er ließ eine Analysandin Ziegenmilch für seine kranke Frau mitbringen oder führte eine Lehranalyse auf gemeinsamen Spaziergängen durch. Die analytische Abstinenz war in das Umfeld eines herzlichen Arzt-Patienten-Verhältnisses eingebettet. Diese Grundlage der analytischen Arbeit war für Freud zu selbstverständlich, als daß er sie im einzelnen beschrieben hätte, wie es Johannes Cremerius in seiner Untersuchung von Freuds «dissidenter Technik» jüngst nachgeholt hat.[11]

Der ausführlichen Studie von Ralph Greenson über das Arbeitsbündnis kommt eine ähnliche Bedeutung zu.[12] Greenson untersucht die Rahmenbedingungen genauer, freilich ausschließlich an das Modell der klassischen Analyse mit mindestens vier Wochenstunden auf der Couch gebunden. Hier wird deutlich, daß der Analytiker nicht durch den Verzicht auf alles, was man als herzlichen und freundlichen Umgang zwischen Menschen kennzeichnet, zu einem untadeligen Gegenstand aufschlußreicher Übertragungen wird. Man könnte im Gegenteil sagen, er gerate dadurch in Gefahr, Teil einer sadomasochistischen Auseinandersetzung zu werden, in der sich eine Beziehung zu kalten, distanzierten, gleichgültigen Eltern und zu einer anonyme Leistungen fordernden Arbeitswelt wiederholt. Das Arbeitsbündnis muß der Analyse von Widerstand und Übertragung vorausgehen. Keinesfalls darf Unverständnis des Patienten für die analytische Methode, das auf mangelnder Aufklärung beruht, mit Widerstand verwechselt werden. Die reale Person des Analytikers muß mit der realen Person des Analysanden soviel Kontakt haben, daß beide zusammen in den Spiegel sehen können. Eine noch so treffende Deutung ohne ausreichendes Arbeitsbündnis ist nicht besser als der Einbau neuer Fenster in ein Haus, dessen Fundamente im Sumpf versinken. Mängel in der Deutungstechnik, in der analytischen Brillanz führen vielleicht dazu, daß der Patient etwas mehr Zeit braucht, um neue Einsichten zu gewinnen. Aber er wird mit dem Analytiker im Gespräch bleiben. Mängel im Arbeitsbündnis führen zum Abbruch der Analyse oder zu Formen des Agierens, die nicht mehr bearbeitet werden können.

Dem Kenner der tiefenpsychologischen Literatur außerhalb des Hauptstroms orthodox-psychoanalytischer Lehre fällt heute öfters auf, daß in der Behandlung von Ich-Störungen, narzißtischen Persönlichkeiten oder Borderline-Patienten viele therapeutische Überlegungen neu formuliert und zum Teil als Neuentdeckungen ausgegeben werden, die sich schon viel früher nachweisen lassen. Das kompensatorische Machtstreben, wie es Alfred Adler beschreibt, hat viel mit der narzißtischen Omnipotenzphantasie zu tun. Die psychotherapeutische Technik von C. G. Jung verwirklicht große Teile dessen, was heute in der amerikanischen Orthodoxie als Innovation in der Behandlung von Borderline-Strukturen veröffentlicht wird. Anscheinend gibt es in der Entwicklung der analytischen Behandlung zwei Strömungen, die eine dialektische Spannung ausdrücken. Bereits zu Freuds Lebzeiten entwickelten die abtrünnigen Schüler neue Umgangsformen mit ihren Patienten. Parallel dazu, aber in gegenläufiger Richtung, entwickelte sich die Orthodoxie bis zu scholastischen Extremformen, in denen nicht mehr die Methode dem Patienten angepaßt wurde, sondern der Patient entweder als analysierbar angenommen oder als unanalysierbar aufgegeben. Diese Entwicklung stößt heute an ihre Grenzen. Sie geht nicht mehr weiter, sondern führt zu Rückbesinnungen, z. B. auf Sandor Ferenczi, den ich eingangs erwähnt habe und dem Johannes Cremerius einen Aufsatz gewidmet hat.

Woran liegt das? Analytiker sind mit der mehrfachen Determiniertheit seelischer Prozesse vertraut. Sie werden geneigt sein, eine solche auch bei der Entwicklung ihrer eigenen Begriffe anzunehmen. Eine erste Antwort auf die Frage, weshalb es so schwierig geworden ist, einen einheitlichen Sinn des Wortes «analytisch» zu finden, liegt in einer Veränderung der Krankheitsbilder. Bereits Ferenczi hat seine Abwandlung der klassischen Technik auf Patienten anwenden wollen, die den gewöhnlichen Abstinenzhaltungen und einer rationalen Aufklärung über den analytischen Prozeß nicht zugänglich waren. Balint hat diese grobe Unterscheidung um den Aspekt der Objektbeziehung ergänzt, die der Triebbefriedigung vorausgeht (als «primäre Liebe»). Sie bietet auch dem tief regredierten Patienten Halt, wenn der Analytiker sich in der Art einer Ursubstanz zur Verfügung stellt.[13] Trifft etwa gar die Überlegung Freuds zu, daß sich die Neurosen verändern müssen, wenn die analytischen Erklärungen Allgemeingut werden? Die Hysterie ist heute sehr selten geworden; die Symptomneurosen überhaupt treten zurück gegenüber den Charakterneurosen, den narzißtischen Persönlichkeitsstörungen bis hin zum Borderline-Syndrom. Aber die analytische Pflicht zur ständigen Selbstreflexion zwingt uns, auch diesen Gedanken in Frage zu stellen. Haben sich nur die Patienten geändert und nicht auch die Therapeuten? Ein wenig naiv finde ich es schon, wenn forsche amerikansiche Analytiker heute entdecken, daß die Patientinnen in den «Studien über Hysterie» oder auch der Wolfsmann «in Wirklichkeit» Borderline-Patienten waren. Es erinnert mich an jenen frommen Mönch des Mittelalters, der in den Metamorphosen des frivolen antiken Dichters Ovid christliche Heilswahrheiten entdeckte.

Wenden wir uns weltlicheren Erklärungsversuchen zu. Einer davon hängt mit der besonderen Situation der amerikanischen Psychoanalyse zusammen. In Amerika, dem Land der unbegrenzten Möglichkeiten, ist es heute besonders schwer, Analytiker zu werden. Freud war dagegen, daß ein Analytiker notwendig Arzt sein muß, weil er eine Verkümmerung der Analyse zu einer psychotherapeutischen Spezialmethode neben Kaltwasserkuren und Hypnose befürchtete. Die amerikanischen Analytiker haben bewiesen, daß die erfolgreichsten Abtrünnigen die sind, welche allein weismachen können, sie würden das Erbe des Vaters besser verwalten als er selbst. Gezwungen durch die Abgrenzung gegenüber einem Kurpfuscherwesen, das nirgendwo so gut gedieh wie in den Vereinigten Staaten, wurden die Ausbildungsbestimmungen immer schärfer. Endlich durften nur noch besonders aufopferungsbereite, vollausgebildete Nervenärzte Mitglieder der mächtigsten psychoanalytischen Vereinigung werden. Höflich hörte man Anna Freud zu, die vor überangepaßten Ausbildungskandidaten warnte – Normopathen, wenn man einen Begriff von Erich Wulff gebrauchen will. Sie war zwar Präsidentin der IPV, aber kein Institut hätte ihren Abschluß oder ihre Lehranalyse bei Freud selbst anerkannt. Solche hochgezüchteten bürokratischen Zwänge in den Ausbildungsinstituten haben auch ihren Einfluß auf die Behandlung auf das, was als analytisch bestehen kann und was nicht. Die Faszination der Orthodoxie hat auch in den USA stark nachgelassen. Das liegt daran, daß die Analytiker durch neuere Psychotherapieverfahren heftige Konkurrenz bekamen, gegen die sie nicht – wie in manchen Ländern Europas – durch ihre guten Beziehungen zu einem funktionierenden Kassensystem Barrieren aufrichten konnten. Diesen neuen Therapierichtungen, wie der klientenzentrierten Behandlung nach Rogers, der Gestalttherapie, der Bioenergetik ist gemeinsam, daß die Beziehung zwischen Therapeut und Klient durch größere Offenheit und mehr emotionalen Austausch gekennzeichnet ist, als es die klassischen Abstinenzregeln zulassen. Ruth Cohn hat einmal sehr anschaulich beschrieben, wie in zwei fiktiven Gruppenszenen dieselbe Einsicht des Patienten einmal durch die Arbeit an der Übertragung, einmal durch die offene Begegnung zwischen Therapeut und Patient gewonnen wird.[14]

So wäre die Lockerung der strengen Abstinenzgebote, die Wendung von der Versagung zur Verzärtelung ein Ausdruck der Konkurrenz von Therapeuten, die anfangen müssen, ihren Patienten mehr entgegenzukommen als ihre strengen Väter? Wir sollten dieses Motiv in unserer Rekonstruktion einer vielfältig determinierten Entwicklung weder überschätzen noch unterschätzen. Je mehr die Analyse erstarrt, desto heftigere Gegenbewegungen wird sie erzeugen. Je beweglicher und damit labiler die Gegenströmungen werden, desto deutlicher wird, daß sie einen festen Halt braucht. Die analytische Situation ist nicht unabhängig von dem gesellschaftlichen Umfeld, in dem sie sich abspielt. Zu Freuds Zeit war die Freisetzung der Einfälle, das Interesse des Analytikers auch für verbotene Bereiche wie den der Sexualität, ein Geschenk für den Patienten. Unsere Analysanden heute fühlen sich in dieser Situation meist nicht befreit, sondern unter einem ganz spezifischen, nämlich auf ein möglichst gefühlshaftes, möglichst «tiefes» Erleben bezogenen Leistungsdruck. Die analytische Situation ist kein Geschenk mehr, sondern eher eine Last, die durch die Bemühungen des Analytikers erst erträglich gemacht wird.

Diese unterschiedlichen Reaktionsformen spiegeln eine Entwicklung, die sich auch im Sexualleben beobachten läßt. Hier tritt Versagensangst an die Stelle von Schuldgefühlen. Viele Analysanden fürchten sich heute, nicht gefühlsstark genug zu sein, nicht gut genug in der Liebe. Sie werden nicht mehr von einem Über-Ich unter Druck gesetzt, sondern von einem Über-Es. An dieser Entwicklung sind die Analytiker nicht unbeteiligt, aber sie haben sie auch nicht zu verantworten. Hinter ihr steht, um es auf eine Formel zu bringen, der Schritt von der Industriegesellschaft im Aufbau (wo Triebverzicht und Aufschub der Befriedigung zentrale Werte sind, die – im Übermaß verinnerlicht – die Menschen neurotisch machen können) zur Konsumgesellschaft, in der die Triebe weitgehend in den gesellschaftlichen Verwertungsprozeß einbezogen sind. Unsere Patienten sind womöglich nicht mehr entsetzt, ihren Ödipuskomplex zu entdecken, sondern enttäuscht, weil sie ihn nicht finden. Sie leiden nicht unter Schuldgefühlen über ihre perversen sexuellen Wünsche, sondern darunter, daß sie sich auf keine nahe Beziehung einlassen können, weil sie fürchten, das emotional nicht zu schaffen. So wird aus dem Analytiker, der vor fünfzig Jahren ein Vorkämpfer emotionaler und sexueller Befreiung war, eine gefürchtete Autorität, die ein vernichtendes Urteil über die eigene Unfähigkeit zu fühlen, zu trauern, zu lieben fällen kann. Kein Wunder, daß die Therapeuten ein freundlicheres Gesicht aufsetzen müssen!

Ich hoffe, daß mir jene verzeihen werden, die eine klare Antwort auf die Frage erwartet haben, was nun analytisch ist und was nicht. Ich muß sie enttäuschen, weil es meines Erachtens einer selbstreflexiven Wissenschaft widerspricht, sich durch Gesetze festzulegen, die auf jeden Einzelfall anwendbar sind. So gesehen läßt sich eher klarstellen, was *nicht* analytisch ist, was nicht dem Wachstum von Einsicht und innerer Klarheit in einer Beziehung zwischen Menschen dient. So kann ich einen anderen, vielleicht hilfreichen Vorschlag machen. Wir sollten den Satz: «Aber, Herr Kollege, das ist doch nicht analytisch, was Sie da machen», aus dem Repertoir analytisch hilfreicher Sätze einfach streichen. Denn eine solche Aussage läßt einen Reflexionsprozeß erstarren, der sonst weitergehen könnte. Der Analyse, wie ich sie sehe, wird eine Aussage eher gerecht wie diese: «Ich könnte in dieser Situation nicht mehr analytisch arbeiten – woran liegt es, daß wir hier so verschiedene Dinge erleben?» Damit wäre klargestellt, daß es sich bei der Klärung der Frage, was nun in einer bestimmten Situation das Fortschreiten der Einsicht erleichtert, niemals um ein autoritär dozierendes oder wertendes Feststellen handeln kann. Es geht eher darum, zu untersuchen, was den Analytiker behindert, sich in seinem Eingehen, seinem Mitgefühl und seinem Interesse für den Patienten frei zu fühlen und gleichzeitig dem Patienten eine größtmögliche Freiheit zu gestatten.

Was den äußeren Rahmen angeht, werden wir nach solchen Überlegungen zugleich formal anspruchsloser und inhaltlich anspruchsvoller sein. Sicherlich ist eine gewisse Dichte der Gespräche sinnvoll, wenn es um die Entwicklung eines Freiraums geht, in dem Patient und Therapeut Gelegenheit haben, verdichtete, oft schon fast versteinerte Schwierigkeiten anzugehen und aufzulösen. Aber es ist nicht selbstverständlich, daß ein solcher Prozeß nur in einer

Arbeit von vier Wochenstunden auf der Couch stattfinden wird. Hier sind die Voraussetzungen naturgemäß besonders günstig, andererseits die Anforderungen an den Patienten auch besonders hoch. Eine Garantie für einen inneren Prozeß, der zu wachsender Einsicht und Entscheidungsfreiheit führt, kann überhaupt kein Rahmen geben. Der Patient auf der Couch kann wochenlang Dinge wiederkäuen, die ihm bereits bekannt sind, um seine Stundenzahl abzuliegen, während der Patient, der nur einmal pro Woche an einer analytischen Gruppentherapie teilnimmt, durchaus in einer Sitzung neue und für sein Leben dynamisch wirksame Einsichten gewinnen mag. Scheinbar unbegrenzte Zeit kann Einsicht erleichtern, aber auch Widerstände wecken – je nachdem. Ich habe diesen Vergleich gewählt, nicht weil ich glaube, daß Gruppentherapie «besser» ist als Einzeltherapie, sondern weil ich vermute, daß sie eher einen Bonus für unterprivilegierte, in der analytischen Subkultur weniger ernstgenommene Methoden braucht als die Einzelanalyse.

Ein weiterer Grund dafür, daß es nicht möglich ist, absolute Aussagen über «analytisch» oder «nicht analytisch» zu machen, liegt in der Person des Analytikers. Gottlob gibt es da große Verschiedenheiten, und es gibt Entwicklungen. Ein und dasselbe Verhalten – zum Beispiel mit einem Patienten, der nicht stillsitzen will, weil er gerade extrem aufgeregt ist, eine Stunde lang spazierenzugehen – kann für Analytiker A nützlich, für Analytiker B schädlich sein, kann für Analytiker C im Alter von 35 Jahren sinnlos sein und für denselben Analytiker im Alter von 45 Jahren sinnvoll.

Vermutlich bringe ich mich jetzt in den Verdacht, grenzenloses Verständnis für alles und jedes zu fordern. Da könnte der Analytiker ja mit seinen Patientinnen sexuelle Verhältnisse haben oder sie in den Urlaub mitnehmen, und ich würde immer noch abwägend zusehen? Würde allenfalls sagen: Ich traue mir nicht zu, in dieser Situation noch analytisch zu arbeiten, wie kommt es, Herr X., daß Sie sich das zutrauen, daß wir so verschieden sind? Ich finde diesen Einwand berechtigt. Sicher wäre es in meinem Sinn «analytischer» gewesen, wenn Freud zu Ferenczi gesagt hätte: «Ich kann meine Patientinnen nicht küssen und verzärteln und die Mutter spielen und dabei noch analytisch arbeiten. Wie kommt es, daß Ihnen das gelingt?» Statt dessen schrieb Freud: «Sachlich meine ich, daß ich in der Lage wäre, Ihnen den theoretischen Fehler Ihrer Konstruktion aufzuzeigen, aber wozu? Ich bin überzeugt, Sie wären dem Bedenken doch nicht zugänglich.» So wurde aus einer Frage der persönlichen analytischen Möglichkeiten eine Frage der wissenschaftlichen Autorität, letztlich der Macht.

Das lehrt uns vielleicht, daß die Analyse Macht niemals ganz aufheben kann. Im günstigen Fall stellt sie einen machtfreien Bereich her, in dem neue Einsichten entstehen können. Die Grenze zu diesem Bereich war zwischen Ferenczi und Freud überschritten. Es gehört zu einer analytischen Umgangsform, auch eine nicht-analytische zu haben und sich der Grenze zwischen beiden bewußt zu sein. Ein Negativbeispiel wäre jener Kollege, der auf die Frage eines Mitarbeiters in der Klinik, wohin er denn in Urlaub fahre, antwortet: «Sie wollen wissen, wohin ich in Urlaub fahre?» Ein anderes Beispiel ist der Arzt und angehende Analytiker, der die Kritik einer Krankenschwester an seiner Unzuverlässigkeit im Dienstplan mit einer Analyse ihrer ödipalen Problematik quittiert.

Wo kein Arbeitsbündnis vorhanden ist, hat die Analyse nichts zu suchen. Sie wird zur wilden Analyse, die mehr schadet als nützt. Solche Differenzierungen scheinen mir gerade in psychoanalytischen Institutionen sehr angebracht, in denen ständig die Gefahr der Grenzüberschreitung gegeben ist.[15] Aggressionen und Rivalitäten zwischen Analytikern sind deshalb besonders problematisch, weil die Gegner nicht nur auf einer Ebene kämpfen können, sondern auf mehreren. Wo man in der gleichberechtigten Auseinandersetzung nicht weiterkommt, macht man flugs den anderen zum Patienten und deutet ihn nieder. Wenn er sich wehrt, beweist er durch seinen Widerstand nur, daß etwas dran ist. Die Analyse ist kein Schutz vor dem Mißbrauch von Macht, sie hilft uns allenfalls, ihn zu reflektieren, seine Bedingungen zu klären und uns vor falschen Hoffnungen zu schützen. In diesem Sinn hoffe ich, für den Machtanspruch sensibilisiert zu haben, der in der diagnostischen und bewertenden Verwendung des Wortes «analytisch» liegt und den wir gerade im Dienst einer freien Entwicklung der Psychoanalyse in Frage stellen sollten.

Anmerkungen

1 S. Ferenczi, Sprachverwirrung zwischen den Erwachsenen und dem Kind, in: Schriften zur Psychoanalyse II, Frankfurt (S. Fischer) 1972, S. 303–313
2 S. Ferenczi, Kinderanalyse mit Erwachsenen, a. a. O. (Anm. 1), S. 284
3 Zit. n. E. Jones, Sigmund Freud, I–III, Bern (Huber) 1960, Bd. III, S. 208
4 Literatur bei J. Cremerius, Reflexionen zu Sandor Ferenczis Wiesbadener Vortrag von 1932, in: Psyche 37, S. 988 f, 1983
5 Am weitesten geht J. M. Masson, The Assault on Truth: Freud's Suppression of the Seduction Theory, Farrar (New York) 1984; Deutsch bei Rowohlt, Was hat man dir, du armes Kind, getan?, Reinbek, 1984
6 S. Freud, Die zukünftigen Chancen der psychoanalytischen Therapie, Ges. W. VII, S. 104 f
7 Über ‹wilde› Psychoanalyse, Ges. W. VIII, S. 117 f
8 Vgl. Cremerius (a. a. O., Anm. 4), S. 1010
9 S. Freud, Wege der psychoanalytischen Therapie, 1918, G. W. XII, S. 184 f
10 Leo Stone, The psychoanalytic Situation, New York (Int. Univ. Press) 1961, Deutsch bei S. Fischer, Die psychoanalytische Situation, Frankfurt 1971
11 J. Cremerius, Die Bedeutung des Dissidenten für die Psychoanalyse, Psyche 36, 481–514, 1982
12 R. Greenson, Technik und Praxis der Psychoanalyse, Stuttgart (Klett) 1973, S. 58 f. – Ders., Das Arbeitsbündnis und die Übertragungsneurose, Psyche 20, 1966, S. 81–103
13 M. Balint, Therapeutische Aspekte der Regression, Stuttgart (Klett) 1970
14 R. Cohn, Von der Psychoanalyse zur themenzentrierten Interaktion, Stuttgart (Klett) 1975
15 J. A. Schülein, Probleme und Risiken selbstreflexiver Institutionen am Beispiel der Psychoanalyse, in: Kölner Zeitschrift für Soziologie 30, 1978, S. 60–86

5. Die Hälfte des Ganzen

Dimidium facti, qui coepit, habet *

Jeder Psychoanalytiker hat Schwierigkeiten mit seinem Beruf. Das liegt in der Natur dieser «unmöglichen» Tätigkeit, als die bereits Freud unsere Arbeit bezeichnet hat. Ich will mich, nachdem ich die Welt des Berufsanfängers vor rund acht Jahren verlassen habe, noch einmal umwenden und versuchen, zurückzuschauen. Was könnte ich einem Anfänger sagen, was hätte mir damals in meinen Ängsten und Zweifeln genützt? Ich will den Versuch unternehmen; freilich kann die Mitteilung fremder Erfahrung nur zur eigenen Auseinandersetzung ermuntern, nicht sie ersparen.

Während es mir heute selbstverständlich scheint, zuerst einen Kontakt mit dem Patienten herzustellen und mir dafür auch Zeit zu nehmen, fühlte ich mich damals verpflichtet, möglichst schnell diagnostischen Überblick und gründliche Kenntnis der Anamnese zu gewinnen. Ich exzerpierte die Anamnese-Richtlinien aus der Literatur und versuchte, sie mir einzuprägen, um ja nichts zu übersehen und auszulassen. Ich war mir unsicher, ob mich der Klient im Erstgespräch auch ernst nehmen würde. Da ich seinen Respekt vor meiner Fachkompetenz brauchte, blieb ich förmlich. Ich versuchte zu meiner eigenen Scham, mich in Kleidung und Auftreten einem Idealbild des seriösen Professionellen anzupassen, dem ich mich gerade bei Patienten, die älter waren als ich, nicht ähnlich genug fühlte. Ich kann heute genauer sehen, wie diese Unsicherheit zustande kam. Ein Teil mochte in meiner eher intellektuell als sozial orientierten Kindheits- und Jugendsituation liegen. Innerhalb meiner Familie galt ich als ausgesprochen kontaktfreudig und frei von sozialen Ängsten. Das war sicher zum guten Teil eine Fassade, die der Angstabwehr diente. Aber gerade die analytische Ausbildung hatte

* *Horaz: Anfangen ist die Hälfte des Ganzen, Episteln BI, 2, 40*

mich unsicher gemacht. Sie schien mir hinter der Welt des naiven, spontanen Kontakts eine andere zu öffnen, in der man sich bewegen mußte, wie der Europäer im tropischen Dschungel: ständig auf der Hut, bedroht von unbekannten Gefahren, die im deutschen Wald schon längst ausgerottet sind. Die Giftschlangen und Jaguare, welche in dieser unübersichtlichen und bedrohlichen Welt lauerten, hießen Widerstand, Übertragung, Gegenübertragung. Ich mußte sie möglichst schnell erkennen und … Ja, was dann? Bekämpfen wäre mir zuerst eingefallen. Aber ich wußte natürlich, daß der analytische Umgang eher auf geduldiges Zulassen und Deuten abzielen sollte. Also galt es, die Kampfstimmung wieder in den Griff zu nehmen, abzuwarten, nach «der richtigen Deutung zum richtigen Zeitpunkt» zu suchen, dem technischen Ideal.

Wenn ich heute die ausführlichen Stundenprotokolle von Kollegen lese, die noch unter Kontrolle arbeiten, erinnere ich mich oft an diese Zeit, in der sich die Suche nach der analytischen Identität vor allem in dem dauernden Bemühen ausdrückte, alle Fehler, alles «nichtanalytische» zu vermeiden. Übrig blieb ein Skelett, ein makelloses Gerippe. Um die vielen kleinen Undurchschaubarkeiten und persönlichen Färbungen einer herzlichen zwischenmenschlichen Beziehung zu vermeiden, die sich nicht in ein abstraktes Bild analytischer Vollkommenheit fügten, blieb der Kontakt lückenhaft und unspontan. Eine Grundposition, die sich daran orientiert, Fehler zu vermeiden, wird einer Beziehungsaufnahme nicht gerecht. Statt mich zu beaufsichtigen, versuche ich heute, mich auszudrücken, um zwischen mir und dem Patienten einen Kontakt aufrechtzuerhalten, in dem ein offenes Gespräch möglich ist. Dazu gehört auch, daß ich nicht beteuere, ein Mensch mit Schwächen und Fehlern zu sein, sondern dieser Mensch tatsächlich bin.

Hilfreich wäre hier sicherlich, öfter und offener darüber zu sprechen, daß die Ausbildung von künftigen Analytikern ein ebenso unmögliches Unterfangen ist wie der Beruf als solcher. – In einer Weiterführung von Freuds Äußerung ist sie sogar eine doppelt unmögliche Aufgabe, da sich Lehren, Analysieren und in gewisser Weise auch das Regieren (denn auch Ausbildungsausschüsse analytischer Institute üben Macht aus) verbinden. Dabei vermute ich, daß meine eigenen Lehr- und Kontrollanalytiker sich redlich bemühten, meine Ängste und meinen Leistungsdruck zu mildern, wenn ich aktiv von ihnen sprach und sie um ihren Rat bat. Genau dieses Bestehen auf meiner Aktivität, meine Bring-Schuld sozusagen, belastete mich aber sehr und führte dazu, daß ich eher stumm und verbissen meinen eigenen Weg suchte. Ich hätte mir mehr Aktivität von ihrer Seite gewünscht, mehr Einfühlung in meine Situation.

Dies sind Zusammenfassungen eines langen Prozesses. Sie vereinfachen und vergröbern die Lage der Probleme. Es scheint mir wichtig, sich gerade der Widersprüche bewußt zu bleiben, mit denen die Lehranalyse verknüpft ist. Ich habe sie subjektiv während meiner Anfangszeit so erlebt, daß ich meinen Lehranalytiker um den gefügigen, gehorsam assoziierenden, sich an alle Regeln haltenden Analysanden beneidete, den ich ihm anbot, während meine Patienten längst nicht so diszipliniert waren. Inzwischen selbst mit Lehranalysen beauftragt, finde ich diesen Neid nicht gerechtfertigt. Ich vermute, daß sich mein Lehranalytiker – nicht anders als ich in seiner Situation – öfters nach den offeneren Schwierigkeiten und Krisen in einer therapeutischen Analyse gesehnt hat und an dem verborgenen Widerstand des gefügigen, angepaßten, mit dem Berufsziel identifizierten Kandidaten verzweifelte.

Immerhin ist mir heute klarer, wie problematisch es ist, die eigene Lehranalyse zum Vorbild der analytischen Arbeit mit Patienten zu machen. Der Leidensdruck ist von Anfang an unterschiedlich, je nachdem, ob die Befreiung von einem Symptom oder der Gewinn einer Qualifikation zur Analyse motivieren. Das manchmal betonte und auch in meinem Fall sicher gültige Vorliegen eigener neurotischer Schwierigkeiten schafft diesen entscheidenden Unterschied nicht aus der Welt. Die Abwehr eigener Schwäche, oraler und narzißtischer Bedürftigkeit, die überhaupt in der Motivation zu einem helfenden Beruf steckt, soll durch die Eigenanalyse bewußter werden. Als eine sinnvolle und oft lange Zeit stabile Charakterabwehr wird sie jedoch sicherlich nicht aufgelöst (obwohl ich es im Unterschied zu vielen meiner Kollegen auch für ein Zeichen einer erfolgreichen Lehranalyse ansehe, wenn der Kandidat seinen Berufswunsch aufgibt).

Die Unterwerfung des Kandidaten unter die analytische Sprache ist viel stärker ausgeprägt als die des Patienten. Er ist dazu auch viel besser ausgerüstet. Sein Verständnis für die abstinente Haltung ist nach außen größer, doch verbirgt sich dahinter oft eine verdeckte Erbitterung, eine tiefe Kränkung, die ihn dazu führt, die eigene Lehranalyse zu entwerten, sobald er sie abgeschlossen hat. «Einmal habe ich meinen Analytiker gefragt, ob er mich mag: ‹Ich arbeite gerne mit Ihnen›, hat er gesagt. Seither habe ich ihm nicht mehr getraut», erzählte mir einmal ein solcher Kandidat. Oft frage ich mich, welche gnädige Verdrängung meine Lehranalytiker-Kollegen davor bewahrt, sich genauer daran zu erinnern, wie sie selbst als Kandidaten miteinander über die Lehranalysen gesprochen haben und wie wenig aus diesen Gesprächen in die Analysen kam.

Meine Bereitwilligkeit, mich mit den aus der Literatur bekannten analytischen Grundsätzen zu identifizieren, hat es mir sehr erschwert, schon damals ein lebendiges Verhältnis zu ihrer Sinnhaftigkeit zu gewinnen. Vielleicht liegt es daran, daß Lehranalysen länger dauern als die durchschnittlichen Heilanalysen. Darüber hinaus fehlt aber in der Lehranalyse der Schonraum, den die therapeutische Analyse gewähren kann und meiner Überzeugung nach auch soll. (Keine Einschränkung finde ich absurder als die, daß die Analyse keine Triebbefriedigung gewähren darf. Möglichst keine unbewußte Befriedigung, ja! – Vor allem keine sadomasochistische, wozu eine angstvoll oder zwanghaft praktizierte «Technik» sehr verführt.) Kandidat und Lehranalytiker sind in einem viel ausgeprägteren Maß Konkurrenten, die sich wechselseitig kritisch prüfen. Der Kandidat spricht sein Urteil im Kreis von seinesgleichen. Das gleiche tut der Lehranalytiker. Nicht immer gelingt es, endlich soweit zu kommen, daß diese Seitenkanäle wieder in den analytischen Dialog einmünden. Der Lehranalytiker zeigt die korrekte Anwendung der Methode. Der Kandidat prüft ihn, ob er es auch so gut macht, wie es in den Büchern steht.

Während eine mit ungeklärten Konflikten belastete Heilanalyse nur im Fall eines entweder sehr eingeschüchterten oder sehr masochistischen Patienten fortgeführt wird, kann bei einer Lehranalyse zu diesen Gründen ein dritter hinzutreten, der eher auf der Ebene der sekundären Gewinne liegt. Ein Wechsel des Lehranalytikers würde unter Umständen die Gesamtdauer der Ausbildung und damit die für einen bereits längere Zeit berufstätigen Arzt oder Psychologen ohnehin nicht leicht zu ertragende Periode der Abhängigkeit von einem Ausbildungsinstitut verlängern. Solange Psychoanalyse eine Pioniertätigkeit für von dieser Aufgabe faszinierte Personen war, ließen sich solche zweckrationalen Gesichtspunkte sicherlich eher vernachlässigen als heute, wo in einer Zeit bestehender Arbeitslosigkeit von Psychologen und drohender für Ärzte der Erwerb einer Qualifikation herausragende wirtschaftliche Bedeutung gewinnt.

Ich bin auf die Lehranalyse eingegangen, weil sie der wichtigste Erfahrungshintergrund des angehenden Analytikers ist, der versucht, sich in seine Patienten einzufühlen. Daher scheint es mir auch wesentlich, sich der Lücken und Verzerrungen bewußt zu werden, die in einem solchen Vergleich liegen. Lehranalytiker und Kandidat können die Frage nach der äußeren Motivation (pünktlich zu kommen und frei zu assoziieren) viel leichter als schon vorhandene Grundlage zurückstellen, als das in einer Heilanalyse möglich ist. Ein Kandidat, der die Versagungen und den Bedürfnisaufschub ausgehalten hat, die mit einer akademischen Ausbildung verbunden sind, wird viel eher auch die Abstinenz des Lehranalytikers ertragen, ja positiv verwerten können als der durchschnittliche Patient. Selbst er hat damit eine (nicht selten uneingestandene) Mühe.

Der Patient hingegen ist nicht so vorbereitet und begegnet nun im Anfänger einem Analytiker, der sich nicht mit dem analytischen Ich, sondern mit dem Über-Ich des Lehranalytikers identifiziert hat. Das heißt, daß vor allem die motivierenden Aspekte im Verhalten des Analytikers zurücktreten werden. Der in jeder Hinsicht «unpraktische», auch theoretisch nicht sinnvolle Gegensatz zwischen Psychoanalyse und Psychotherapie (Cremerius 1984) gewinnt hier eine unheilvolle Macht. Das kann bis zu dem Extrem des «Operation gelungen – Patient tot» gehen: Der Analytiker hat seine Methode korrekt angewendet, der Patient sich als unanalysierbar entpuppt. Die Krise des Selbstgefühls, in die solche unbefriedigenden Erstanalysen den angehenden Analytiker stürzen, wird oft nicht durch eine Stärkung des Ichs, sondern durch eine weitere Bekräftigung des ohnehin überentwickelten Über-Ichs behoben. Die Gefahr des Anfängers liegt selten im Tun, viel eher im Unterlassen. Er wird zu vorsichtig, zu unpersönlich, strengt sich sehr an und vermittelt dem Patienten, daß die Analyse eine bedrückende, schwierige Aufgabe ist, die mit großer Energie und stetem Ernst betrieben werden muß. Er gibt wohlüberlegte, vorsichtig formulierte Deutungen, die absolut unangreifbar sind und für den Patienten meist ein Signal, daß die Stunde jetzt bald zu Ende ist.

Es gibt das Bonmot, daß die Psychoanalyse eine ideale Therapie für gesunde Menschen ist. Für diese Form gilt das tatsächlich. Aber leider sind solche Patienten in den Praxen der erfahrenen Analytiker, die bereits einen guten Ruf haben, erheblich häufiger als in den Ambulanzen der Institute, in denen die Auslese der Kontrollfälle stattfindet. Diese Vorauswahl mag die gefährlichsten Fehlindikationen ausschließen (Patienten, die dann oft gänzlich unausgebildeten Psychotherapeuten in die Hände geraten und endlich der Psychotherapiekritik Material liefern). Aber es sind schwer gestörte Personen darunter, die jeden Analytiker auf eine sehr harte Probe stellen würden. Für den Anfänger ergibt sich die sehr belastende Frage, ob die entstehenden Schwierigkeiten seiner persönlichen Unzulänglichkeit in der Anwendung der Methode zuzuschreiben sind oder nicht. Es ist dabei ein schwacher Trost, daß er mit dem Patienten auch nicht schlechter umgeht als sein Lehranalytiker mit ihm. Vielleicht hat die Heilanalyse ein Geheimnis, das er noch nicht kennt? Die technische Literatur wird ihn hier kaum beruhigen; sie eignet sich weit besser, einem Praktiker Anregungen zu geben, der weiß, daß wir alle nur mit Wasser kochen, als die Verwirrung des Anfängers zu beheben.

Um so mehr Hoffnung richtet er auf die Supervision. Sie spielt sich in zwei Situationen ab: einer Kandidatengruppe, in der er sich mit anderen in seiner Lage austauscht (meist, aber nicht notwendig unter der Anleitung eines Lehranalytikers) – und einer «Kontrollstunde», in der die eigentliche Verbindung zwischen Theorie, Selbsterfahrung und Praxis gefördert werden soll. Man möchte nun meinen, daß die anderen Kandidaten besonders viel Verständnis für die beschriebene Unsicherheit haben und unseren Anfänger stützen. Aber das geschieht keineswegs immer. Viele Anfänger suchen ihre Unsicherheit und ihre heftigen Selbstzweifel dadurch zu mildern, daß sie genau jene Kritik, unter der sie selbst leiden, in ungemilderter Schärfe gegen das «unanalytische» Verhalten ihrer Kollegen richten. Es ergibt sich ein ausgesprochen defensives Klima in den Fallbesprechungen, das der Leiter nach Kräften abmildern oder aber auch fördern kann, wenn er selbst eine hohe Meinung von Leistungsdruck als Bildungsmittel hat.

Die Kontrollsituation insgesamt leidet darunter, daß in der analytischen Situation oft das Wägbare weniger folgenreich ist als das Unwägbare – der Inhalt einer Aussage weniger gewichtig als der Tonfall, in dem sie gegeben wurde; die Qualität einer Deutung nicht so wichtig wie ein Gesamtzusammenhang, der dem Patienten Dialogbereitschaft oder Besserwissertum vermittelt. Dieses Unwägbare wird dann in der Supervision faßbar, wenn die Angst bearbeitet werden kann, sich als inkompetent zu erweisen.

Damit kommen wir wieder auf den unauflöslichen Widerspruch zwischen den Grundsätzen einer formalen Ausbildung und eines psychoanalytischen Lernprozesses. Diesen mit Stundenzahlen und Prüfungen hinsichtlich der Literaturkenntnisse zu bewerten, scheint ebenso absurd wir unausweichlich, wenn nicht Willkür herrschen soll. Zwischen ihr und einem sinnleer gewordenen Formalismus bleibt oft nur die bange Wahl. Obwohl wir alle wissen, daß wir aus eigenen und fremden Fehlern mehr lernen können als aus eigenen und fremden Tugenden und Erfolgen, wird fast in jeder analytischen Kollegengruppe, die ich kenne, jedes Gramm Schwäche durch ein Kilo Stärke aufgewogen. Auf dem Weg zu einer analytischen Kompetenz, die ihn weder mit dem ermäßigten Allmachtsanspruch des Allesbesserwissers noch mit einem elenden Ohnmachtsgefühl zurückläßt, findet der Anfänger anscheinend so wenig Hilfe, daß ein Bedürfnis nach Unangreifbarkeit hartnäckig bestehen bleibt.

Eine Folge dieser Unangreifbarkeit des erfahrenen Therapeuten ist, daß es für den Anfänger sehr schwierig bleibt, ein realistisches Gefühl für die Möglichkeiten und Grenzen der Veränderungen zu gewinnen, die eine Psychoanalyse bewirken kann. Je mehr eine Therapie die Orientierung an handgreiflichen, meßbaren Symptomen aufgibt und sich auf das Gebiet einer Entwicklung der Gesamtpersönlichkeit begibt, desto größer wird auch die Gefahr, daß Ohnmachtsgefühle durch eine unantastbare Überzeugung von der eigenen Kompetenz ausgeglichen werden müssen. Der Anfänger sucht einen Halt, an den er sich klammern kann. Die Symptome bieten ihn. Aber sie sind eine trügerische Orientierung. Wenn es für das Selbstgefühl des Analytikers besonders wichtig ist, daß er meßbare Fortschritte erzielt, treten diese mit unerschütterlicher Hartnäckigkeit gerade nicht auf. Erst wenn der angehende Analytiker dieser Gesetzmäßigkeit auf die Spur kommt, wird er von Erfolgen überrascht, die er viel leichter erhält, weil er sie nicht mehr so dringend benötigt. Am meisten leidet der Anfänger, der erst einen oder zwei Patienten hat und von diesen in seinem analytischen Selbstbewußtsein abhängt. Verschwinden die Symptome oder nicht? Geht es den Patienten besser? Arbeiten sie «richtig» mit? Dringt die Traumanalyse bis zu Urphantasien vor? Später gleichen Erfolgserlebnisse aus der einen Analyse die Versagungen und die negativen Reaktionen auf meine Bemühungen in einer anderen Analyse aus. Manche Therapien laufen weiter, obwohl es den Patienten gut geht. Das geschieht nicht nur, um einen Eindruck über die Stabilität der Besserung zu gewinnen, sondern auch, weil solche Analysanden ein unentbehrliches Vitamin für das Selbstgefühl des Analytikers sind, das gerade dem Anfänger fehlt, der es besonders nötig brauchen würde.

Der erfahrene Therapeut mit vielen Patienten hat sein narzißtisches Risiko besser gestreut. Eine Flaute bringt ihn nicht um sein ganzes Selbstbewußtsein. Der Anfänger ist davon eher bedroht und kompensiert diese Not gelegentlich, indem er versucht, diesen Vorsprung gewissermaßen mit Siebenmeilenstiefeln aufzuholen: Er wählt sich Patienten aus, die von anderen – am besten mehreren und möglichst prominenten – Therapeuten bereits als hofflungslose Fälle abgelehnt oder ohne Erfolg behandelt wurden. Die Berichte der Kranken, in denen seine Kollegen nicht gut wegkommen, hört er mit äußerlicher Skepsis und innerem Entzücken. Sie ermutigen ihn, eine Behandlung anzugehen, die scheinbar Erfolg verspricht, wenn er nur die krassen Fehler der älteren Kollegen vermeidet. Ich erinnere mich gut daran, wie wohlgefällig ich solche Berichte hörte, bis ich eines Tages dahinterkam, daß eine Analysandin, die mich immer so rosig von meinem Vorgänger abhob, mich zum Opfer derselben Strategie machte.

Wenn ich zurückblicke, bin ich unzufrieden mit dem, was ich geschrieben habe. Es scheint mir, als hätte ich den Vorsatz nicht erfüllen können, einen Blick zurück zu werfen, der die durchwanderte Landschaft noch einmal klar zeigt, ehe der weitere Weg ihr Bild ganz in die Ferne rückt und auslöscht. Ob auch bei mir die Erinnerung an meine eigenen Anfänge bereits durch eigene Abwehr verdunkelt ist wie die eines Kindes, das im Vorangehen der Entwicklung das eigene Bild auslöscht? Ob es möglich ist, die analytische Kompetenz von den Reifungsprozessen zu unterscheiden, die unser Älterwerden begleiten und uns teils bereichern, teils verarmen lassen? «Erfahrung macht dumm», das Gegenzitat zur alten Formel: «Sammle du erst mal deine Erfahrungen!» hat nicht weniger, aber auch nicht mehr Berechtigung. Die Unerfahrenheit, die sich auch an den scheinbar aussichtslosen Fall heranwagt, ist nicht besser oder schlechter, sondern etwas anderes als die Vorsicht des Erfahrenen, der seine Kräfte schont. Der ältere Analytiker entdeckt, daß er oft resigniert ist, müde. Er stützt sich auf risikoarme Patienten und überläßt das möglicherweise Unangenehme anderen. Am Ende seiner Karriere macht er nur noch Lehranalysen und kann sich deshalb nicht aus gegenwärtiger Erfahrung in die Konflikte des Berufsanfängers hineinversetzen, den er anleitet. Die Kräfte der Jugend und die Erfahrungen des Alters zugleich zu haben, ist ein Wunsch, so alt wie der Mensch. «Erst fehlt uns der Becher und dann der Wein», sagte der Dichter Friedrich Hebbel in seinen Tagebüchern.

Es war eine Illusion zu glauben, ich könne mich ganz zurückversetzen in meine Anfänge. Stückweise kommen sie mir wieder, wenn ich andere Anfänger erlebe – ihre Leiden und Ängste, ihre Verwirrung durch eine mißglückte Sitzung, ihre Sorgfalt in Anamnese und Diagnose, ihre Gedächtnisanstrengung. Mich bedrückt und lähmt die Analytikerrolle nicht mehr. Ich muß sie nicht wie früher festigen, indem ich meinen Patienten die Regeln der Analyse erkläre, als sei sie eine definierbare Technik und keine undefinierbare Kunst.

6. Autorität in den Helfer-Berufen

Vor zwölf Jahren arbeitete ich an einem Buch, das die «antiautoritäre Erziehung» kritisch reflektieren sollte. Darin suchte ich zwischen drei Problemkreisen zu unterscheiden: der autoritären Autorität, der Sachautorität und dem autoritären Charakter. Die autoritäre Autorität ist das, was man innerhalb der 68er-Bewegung angriff und mit großer Freude verwirrte: Professorendünkel, Eltern, die allein auf Grund ihrer Elternschaft Macht beanspruchen, Lehrer, die nur dozieren und nicht diskutieren können. Die antiautoritäre Erziehung richtete sich vor allem gegen den autoritären Charakter, gegen eine mangelnde emotionale Selbständigkeit, die Bereitschaft zu blindem Gehorsam weckte.

Alte und neue Helfer

Es ist schwer zu sagen, wie erfolgreich die antiautoritäre Bewegung war. Sicher kommen die Eltern der Kinderladen-Generation oft nicht gut mit den Geistern zurecht, die sie riefen. Sie sind entsetzt, wenn sich die befreite Emotionalität vor allem in ungehemmten Konsumwünschen äußert. Das weckt den Verdacht, daß gerade dieser Paradigmawechsel in der Erziehung durchaus dem Interesse der Industriegesellschaft an möglichst bereitwilligen Konsumenten entsprach, an den «oralen Flippis», die man heute den «autoritären Scheißern» gegenüberstellt. Der antiautoritäre Protest sieht anders aus, wenn er sich gegen eine bereits verinnerlichte Norm, gegen die frühindustrielle «schaffe, spare, Häusle baue»-Idee richtet oder aber dazu führt, daß gar keine solche Norm mehr zustande kommt.

Der gesellschaftliche Wandel beeinflußt diese Situation. Kritisches Bewußtsein und sichere Arbeitsplätze waren 1972 in Mode. «Was nützt mir das ganze Bewußtsein, wenn ich keine Arbeit finde?» ist die Frage im Jahr 1982. «Fuck the sixties – we are in the eighties», sagte meine damals 15jährige Tochter auf einem Fest zu jemandem, der ihr allzu gleichmacherisch entgegentrat. Für mich selbst war es 1972 noch klar, daß die neuen Helfer den Problemberg bewältigen würden, den die alten liegengelassen haben. Kennzeichen dieser neuen Helfer ist, daß sie nicht kraft einer vorgegebenen professionellen Norm, einer allein durch ihre Qualifikation erworbenen Autorität vorgehen, sondern ihre Wirksamkeit dank der prinzipiell einzigartigen Gefühlsbeziehung zu ihren Schützlingen entfalten. Sozialpsychiatrische Teams ohne autoritäre Ärzte an die Stelle der bisherigen Psychiatrie; Lehrer, welche ihre Schüler motivieren und nicht die ungeeigneten einfach durchfallen lassen; Erziehungsberater, Familientherapeuten, Streetworker statt der bürokratischen Fürsorge – so sah die Welt von morgen aus, in der die Unterprivilegierten eine echte Chance hatten.

Hilfe zur Selbsthilfe

«Reformoptimismus» nennt man das heute, meist etwas abschätzig. Vielen schien damals in den helfenden Berufen der Weg offen, sich für ihre Überzeugung und ihr Engagement von einer zwar trägen, aber gutwilligen Gesellschaft bezahlen zu lassen. Heute ist deutlich, daß es auch hier Wachstumsgrenzen gibt. Die Bedingungen werden sichtbar, unter denen überhaupt Autorität gewonnen werden kann. Besonders deutlich ist diese unvorhergesehene Entwicklung bei den Ärzten. Die vielfältigen Aufgaben dieser wichtigen Bastion der freien Helferberufe können nur erfüllt werden, wenn es keinerlei wirtschaftlichen Druck gibt. Nur dann wird der Arzt allein auf Grund seiner medizinischen Sachautorität entscheiden, ob ein Patient krankgeschrieben werden kann oder ob er ein Medikament erhalten darf, das nicht indiziert ist, aber von ihm gewünscht wird.

Diese Situation ist heute nicht mehr gegeben. Die Konkurrenz auf dem freien Praxismarkt ist so groß geworden, daß die Ärztefunktionäre inzwischen ihren eigenen Leuten mißtrauen müssen und die Kassenbürokratie die Ärzte mit Hilfe von Computern überwacht.

Der Reformoptimismus hängt mit dem Glauben zusammen, die Interessen einer profitorientierten Industrie ließen sich dauerhaft mit den individuellen Bedürfnissen versöhnen. Daran glauben heute sehr viel weniger Menschen als früher. Im Zusammenhang mit der Autoritätsdebatte heißt das, daß die Autorität nicht mehr bekämpft wird (oder doch deutlich weniger als früher). Sie wird einfach nicht mehr ernst genommen. Man hört nicht mehr zu. Der Zynismus der Mächtigen ist offener. Große Worte und einst unerschütterlich scheinende Erwartungen halten der Erosion nicht stand. Ich warte auf den Soziologen, der ermittelt, ob nicht inzwischen viele Pfarrer diesen Beruf wählen, weil er einen sicheren Arbeitsplatz verspricht – Zölibat, so katholisch, hin und her, was zählt das schon? Das Schulsystem gerät unter Druck, wenn Lehrerstellen bedroht sind, sobald die Klassen zu klein werden. Läßt man da noch unbefangen Schüler durchfallen? Das schöne Wort von der Hilfe zur Selbsthilfe gewinnt einen makaberen Beigeschmack, wenn immer mehr Helfern unterstellt wird, daß ihre Motive so erhaben nicht sind, wie es die Öffentlichkeit lange Zeit glauben wollte. Dieser Druck auf die Helfer steigt, weil jeder von ihnen, der einen Arbeitsplatz hat, nicht mehr mit naturgewachsenem Respekt für seine verantwortungsvolle Tätigkeit rechnen kann, sondern sich auf viel Neid gefaßt machen muß. Daraus entwickelt sich eine Autoritätskrise, die in ihrem Umfang noch nicht zu erkennen ist.

Das Ende der Sachautorität

Während die absolute Autorität in der Protestbewegung der sechziger Jahre unterging, erleidet die Sachautorität ein ähnliches Schicksal in der Umweltschutz- und Friedensbewegung. Beide Aussagen enthalten grobe Vereinfachungen. Natürlich gibt es genügend Reservate in denen archaische Autoritätsstrukturen überleben. Es gibt auch eine neue Autoritätssucht bei vielen (auch jungen) Menschen, die sich zu Sekten und Gurus hingezogen fühlen. Die Bewunderung für Mick Jagger, Bhagwan oder Hitler ist in ihrer emotionalen Qualität oft kaum zu unterscheiden. Natürlich gibt es weite Bereiche, in denen die Sachautoritäten unangefochten und nicht hinterfragt ihre Macht in Forschung, Lehre und Begutachtung behaupten. Aber das spezifisch neue an einer gesellschaftlichen Entwicklung scheint mir dort zu liegen, wo die bisher unangefochtene Zelebration von wissenschaftlichen Ritualen auf einmal ketzerisch abgelehnt wird. Und das ist mehr als ein intellektuelles Spiel von Philosophen wie Paul Feyerabend.

Die Wurzeln reichen tiefer, bis in das große Ungenügen an der sinkenden Lebensqualität in den Industriegesellschaften, für die verantwortlich gemacht wird, wer Macht innehat. Die Helfer haben die Unbescheidenheit, mit der sie heute konfrontiert werden, selbst hervorgerufen. Sie haben versprochen, gegen genügend Planstellen und Fortbildungsmöglichkeiten würden sie die Probleme schon lösen, die durch eine wachsende seelische Verelendung entstehen. Inzwischen mehren sich die Selbsthilfegruppen und Bürgerinitiativen, die ihr Bewußtsein nicht durch die Aufklärung seitens sachautoritärer Experten gewinnen, sondern gerade durch den Protest gegen die Fachleute. Die Bestechlichkeit der Experten durch Industrieinteressen ist gerade im Umweltschutz immer deutlicher geworden. Wer durch die sterbenden Wälder geht, kann Technokraten nicht mehr ernst nehmen, die vor zwanzig Jahren die Großstadtluft durch den Bau hoher Schornsteine verbesserten. Die Integrität der Wissenschaft als unparteiischer Richter zwischen Kapital- und Bürgerinteressen ist unglaubwürdig geworden. Diese Entwicklung schlägt sozusagen nach unten durch und weitet sich aus. Sie nagt die Bereitschaft an, Sachautoritäten überhaupt noch zuzuhören.

Von Fall zu Fall aushandeln

Ich finde den Verfall der Autorität weder bedauerlich noch erfreulich, sondern unausweichlich. Gefragt scheint mir heute nicht eine antipädagogische Doktrin, die den Kindern auflädt, was die Erwachsenen nicht mehr tragen können, sondern eine selbstkritische Form von Autorität. Bezogen auf die Helfer heißt das, daß sie ihre vornehmste Aufgabe wieder erkennen müssen: sich überflüssig zu machen. Der Lehrer, dem niemand mehr zuhört, redet nicht zu wenig oder rhetorisch zu ungeschickt, sondern zuviel und ohne sich mit seinen Schülern vorher geeinigt zu haben, ob sie ihm überhaupt zuhören wollen. Der Wissenschaftler, der gutachtet, als ob es völlig belanglos wäre, ob er einen Industrieauftrag hat oder nicht, muß sich über die mangelnde Autoritätsgläubigkeit seiner Zuhörer nicht wundern. Wer heute Autorität beansprucht, muß bereit sein, sie auch aufzugeben. Er muß sehen, daß wir in einer Welt leben, die zu viele schlecht verheilte Wunden trägt, um von einfachen Lösungen zu profitieren. Nur indem wir eine möglichst vielfältige Kontaktbereitschaft aufbauen, können wir überleben. Ein Modell dafür scheint mir das «Arbeitsbündnis» (Greenson) in der psychoanalytischen Therapie. Während früher der Analytiker darauf bauen konnte, daß der Rahmen des Arzt-Patienten-Verhältnisses mit seinen Merkmalen des Vertrauens in die Autorität des Helfers auch die soviel tiefer in seelische Zusammenhänge eingreifende Behandlung tragen würde, ist es heute nicht mehr so. Von Fall zu Fall muß ein Bündnis ausgehandelt werden, das die Arbeit trägt. Dabei ist die Situation des Klienten wie des Therapeuten zu berücksichtigen. Vorgefertigte Normen dafür gibt es nicht mehr. Was ist das Interesse des Helfers? Was das Interesse des Klienten? Welche Erwartungen können sie realistischerweise aneinander richten? Wenn darüber ein offenes Gespräch möglich ist, dann entsteht eine neue Form von Autorität, die nicht vorgegeben und vorformuliert ist, sondern in dieser spezifischen Situation zwischen zwei Menschen neu entdeckt wurde. Eine Weile kann sie bestehen bleiben. Sie wird das um so unangefochtener tun, je öfter sie erneut überprüft und auf ihre Tragfähigkeit untersucht wird.

Literatur

Ralph Greenson: Theorie und Technik der Psychoanalyse. Stuttgart (Klett) 1972

Wolfgang Schmidbauer: Erziehung ohne Angst, München (dtv) 1974

Ders.: Helfen als Beruf. Die Ware Nächstenliebe. Reinbek (Rowohlt) 1983

7. Von Ödipus zu Narziß

Als ich zusagte, einen Essay über Sexualforschung zu schreiben, stellte ich mir die Aufgabe erst leicht vor. Ich habe mich bereits als Psychologiestudent mit diesem Thema befaßt und damals für ein medizinisches Magazin eine Titelgeschichte zu den brandneuen sexualphysiologischen Forschungen von Masters und Johnson geschrieben. Meine Praxis als Psychoanalytiker läßt mich immer wieder solchen Fragen begegnen (obwohl sicher seltener, als der Außenstehende sich vorstellen mag, der sein Bild der Analyse mit einem Klischee von Pansexualismus verbindet). Zudem war ich durch mein neues Buch «Die Angst vor Nähe» als jemand ausgewiesen, der sich mit den gegenwärtigen Beziehungskisten und Sexualschwierigkeiten befaßt hat.

Dennoch habe ich mit ungewohnten Hemmungen gekämpft, die Arbeit an diesem Text zu beginnen. Wie kein anderes Thema in unserer von Hunger und Kälte befreiten Welt packt die Sexualität den ganzen Menschen. Amor vincit omnia – die Liebe besiegt alles, hieß es früher: der fleischliche Amor, nicht die inzestgehemmte, schwesterliche Caritas. Der Sexualforscher gerät in einen klassisch-abendländischen Konflikt: der Inhalt seiner Arbeit ist triebhaft, hebt Grenzen und Ordnungen auf. Die Form der Forschung hingegen befriedigt allenfalls Motive, die Freud «zielgehemmt» genannt hat: die Neugier, die Hilfe, welche besseres Verstehen dem Menschen anbietet.

Ich bin der Texte müde, die allein in der Verletzung von Tabus ihre Rechtfertigung suchen. Der caritative Charakter der Selbstentblößung ist mir fragwürdig geworden. Gerade weil es zum Wesen der Sexualität gehört, das Individuum aus seinen rational kontrollierten Grenzen herauszuholen, wird vorbildhafte Befreiung oft weniger ermutigend als lähmend oder öde. Seht, wie mutig ich mich über die Tabus hinwegsetze! Aber es sind nicht alle frei, die ihrer Ketten spotten, sagte Lessing.

Gleichzeitig ist es aber auch nicht einfach, abgehoben, ohne die eigene Person einzubeziehen, über Sexualität zu schreiben. Das gilt zumindest für mich: Der «subjektive Faktor», die Hintergründe von Berufs- und Forschungsmotivationen haben mich immer interessiert. Wer diesen Gesichtspunkt preisgibt, gewinnt für mich keine wissenschaftliche Objektivität im Reich der Humanities (ein weit besserer Ausdruck als das reduzierte «Geisteswissenschaften»), sondern fällt einer ihrer selbst unbewußt gewordenen Subjektivität ohne Korrekturmöglichkeit zum Opfer.

So wollte ich gerade das vermeiden, was ich andererseits für notwendig hielt. Literatur, die ich zur Einstimmung las, verwirrte mich eher noch mehr. Da gab es die alten Sexualwissenschaftler, Krafft-Ebing oder Magnus Hirschfeld (dessen Todestag im Jahr 1935 sich heuer jährt), die mit großer Geduld und dem Sammlerfleiß von Schmetterlingsforschern Perversionen beschrieben (in den alten Büchern noch in Latein: wer das gelernt hatte, hatte auch Charakterstärke). Ihnen folgten die Statistiker, deren Berichte meine eigene Pubertät begleitet hatten. Nach der unerfüllbaren Norm des katholischen Beichtspiegels («unzüchtig berührt? Wo? Wann? Wie oft?) vermittelten sie mir nun die Durchschnittsnorm: Wann ist ein Mann am potentesten? Wie oft kommen Frauen zum Orgasmus? Bis hin zu so abenteuerlichen Fragestellungen (und Antworten), daß die maximale Spritzweite des Ejakulats bei fast zwei Meter liegt. Der Kinsey-Report vermaß die Sexualität, wie ein Sportlehrer Leistungen in Hochsprung und Dauerlauf.

Die neue, biologisch-statistische Sexualforschung wurde von der amerikabegeisterten Gesellschaft der späten fünfziger Jahre begierig aufgenommen. Ich selbst erlebte das so, daß die Leere, welche die vereinten Anstrengungen eines kleinbürgerlichen Elternhauses und einer katholisch geprägten öffentlichen Moral im Bereich meiner Sexualität geschaffen hatten, durch technische Information ausgefüllt wurde. Wie in der neutestamentlichen Geschichte von den Folgen der Teufelsaustreibung: In das ausgefegte, von allem Bösen gereinigte Haus kehren die vertriebenen Geister vielfältiger und stärker zurück.

Lange Zeit schien es ungeheuer einfach, fortschrittlich zu sein. Man mußte nur die Tabus, die bisher keiner zu verletzen gewagt hatte, mutig angehen. Weil sich Hildegard Knef als Malermodell in dem Film «Die Sünderin» hüllenlos zeigte, erbosten sich die deutschen Bischöfe und gaben uns kritischen Gymnasiasten Gelegenheit, auf der Seite des Fortschritts zu sein. Aufklärungsfilme (wie «Helga»), Aufklärungsserien in den Illustrierten brachten die von Kant gepriesene «Befreiung des Menschen aus selbstverschuldeter Unmündigkeit» vollends auf den Be-Griff von Busen und Hintern, auf die kritische Unterscheidung von klitoralem und vaginalem Orgasmus.

Ich hoffe, daß ich mich kurz genug gefaßt habe, um dieses verwirrende Gemisch nicht bis zum Überdruß auszuwalzen. Daß Sexualforschung von der allgemeinen, gesellschaftlichen Position der Sexualität gegenüber nicht getrennt werden kann, ist heute eineBinsenweisheit. Daß die Position des Forschers selbst durch seine eigene Sexualität mitbestimmt wird, würden wir heute zögernd zugestehen. Ob daraus Folgerungen abzuleiten sind wie die Ernst Bornemanns, jeder Sexualforscher müßte seine sexuelle Autobiographie vorlegen, möchte ich immerhin in Frage stellen. Mir persönlich würde schon eine Begründung reichen, warum er das nicht tun will. Heute ist die Sexualaufklärung in die Jugendzeitschriften abgerutscht: Womit Oswalt Kolle in der «Quick» Millionen Erwachsener fesselte, das mag heute noch heranwachsende Kinder und junge Teenager als Bravo-Serie zu schamvollem Umblättern oder großkotzigem Drüberstehen bewegen.

Was brachte die Welle der Sexualaufklärung zum Überkippen und zum Zusammenbruch? Ich vermute, es war eine andere Bewegung, die heute mit dem Jahr 1968 identifiziert wird. Die Väter hatten sich durch ihre Verstrickung in das Naziregime unglaubwürdig gemacht und waren von den amerikanischen Stiefvätern abgesetzt und vertreten worden. Wer nach dem Krieg studieren wollte, mußte fast durchweg amerikanische Lehrbücher verwenden. Von diesen Stiefvätern und von den eigentlichen Vätern grenzte sich die

Studentenbewegung gleichermaßen ab – wie ihre Lehrmeister Adorno und Marcuse, beide von den Nazis vertrieben, aber der amerikanischen Lebensweise gegenüber höchst kritisch eingestellt. Das Generationenbündnis der Großväter und Enkel richtete sich gegen Väter und Stiefväter.

Die Sexualität geriet in diesem Befreiungskampf in die Lage des Hasen zwischen den beiden Igeln. Zwischen der Skylla der bürgerlichen Repression und der Charybdis der repressiven Entsublimierung hin- und hergehetzt, gingen ihr endlich Luft und Kraft aus. Die Blumenkinder in San Franzisko suchten Zuflucht in den Drogen, die deutschen Kommunarden machten sich auf den langen Marsch durch die Institutionen. Die Verneinung der gesellschaftlichen Repression konnte keine neuen Formen des Zusammenlebens schaffen. Rückgriffe auf hoffnungsvolle Anfänge der kommunistischen Revolution im Sinn sexueller Befreiung und antiautoritärer Kindererziehung erwiesen sich als unzureichend. «Wer zweimal mit derselben pennt, gehört schon zum Establishment!» Dieser Spruch aus der legendären Kommune I gab vor, ein Problem zu lösen, das er nicht einmal klar ausdrücken konnte: Die Angst, revolutionäre Triebkraft durch sexuelle Nähe zu verlieren, kleidete sich in den Mantel der Bindungsscheu. Aber die Sehnsucht nach der «bürgerlichen» Zweierbeziehung war stärker als die Versuche, sie aufzuheben. Die neuen Kommunen waren manchmal repressiver, fast immer weniger stabil als die fragwürdig gewordene bürgerliche Familie. Diese freilich ging alles andere als gestärkt aus der Debatte hervor: nicht strahlende Siegerin, nur kleineres Übel. In den der Studentenbewegung folgenden, vielfältigen alternativen Gruppen machte sich ein neues, offensives Bewußtsein – Liebe als «Rebellion zu zweit» – eher bei den homosexuellen Orientierungen bemerkbar, vor allem in der Frauenbewegung. Die Verschiedenheit der Geschlechter scheint hier nicht mehr durch sexuelle Anziehung überbrückbar. Der Leistungsdruck im Gefolge der Sexwelle wurde nicht als gemeinsames Leid von Frauen und Männern gesehen, sondern als etwas, was Frauen von Männern auferlegt und angetan wird. Darin drückt sich gerade im Aufbäumen gegen Normierungen die Unterwerfung unter die versteckte Norm der späten Industriegesellschaft aus, daß Schwierigkeiten möglichst individualisiert, in persönliche Verantwortung hinausverlegt werden sollen.

Als Vorzug der lesbischen Beziehung wird oft ausdrücklich gepriesen, daß die Unsicherheit über die sexuellen Gefühle der Partnerin geringer ist. Vor Ausbeutung bietet die Tauschwertkontrolle Schutz. Die Auseinandersetzung mit dem Fremden, Andersgeschlechtlichen «kostet zuviel Kraft». Anders als eine permanente Kontroll- und Rechenaufgabe kann eine «Beziehung» anscheinend gar nicht mehr vorgestellt werden.

Aufstand der Beforschten gegen die Forscher, der Behandelten gegen die Behandler (z. B. die Gynäkologen), ja der Befreiten gegen die Befreier, stellte die Frauenbewegung unangenehme Fragen und schuf gerade in den Rundschlägen gegen die männlich beherrschte Welt einen Freiraum, in dem nachgedacht werden konnte. Trieben Zeitschriften wie «das da» und «konkret» durch die üppige Präsentation freizügiger Mädchen der linken Bewegung neue Leser in die Arme – oder bereiteten sie der Unterdrückung den Boden, die in der Kommerzialisierung von Sexualität zu Konsum- und Werbezwekken, eben in der repressiven Entsublimierung steckt?

Die Studentenbewegung hat auf dem langen Marsch in die Institutionen viel verändert, aber auch viel eingebüßt. Die bürgerliche Erfahrung, daß umstürzlerische Gedanken verschwinden, wenn erst Berufsarbeit geleistet und eine Familie ernährt werden muß, hat sich sicher nicht durchweg, aber doch oft genug bewahrheitet. Wer so wenig Einfluß und Macht hat wie ein Student, erliegt leicht der Faszination einer zwar beschränkten, aber doch konkreten Einflußmöglichkeit, sobald er einen Job als Lehrer, als mittlere Führungskraft oder als selbständiger Arzt erreicht hat.

Was hat die Welle von Sexualaufklärung, von äußerlicher Befreiung durch Pille und Pro Familia, von Nacktbaden im Englischen Garten und Video-Porno als Teil der Alltagskultur für die Betroffenen gebracht? Sind sie, um ungescheut die abgeschmackte Frage zu stellen, glücklicher? Ich bin nicht davon überzeugt. Solange die Befreiung unterdrückter Triebe paradiesische Erfüllung versprach, gab es mehr Spannungen und Reize als heute. Die Lust wurde genossen und dann gebüßt, wie der Inzest des mythischen Ödipus. Schuld- und Strafängste beherrschten das Bild. Der Psychoanalytiker sah seine Aufgabe darin, das strenge Über-Ich zu mildern, es zu veranlassen, mehr Befriedigungen zuzulassen, einen breiteren Bereich des sexuellen Spektrums lustvoll zu gestatten.

Die Welle empirischer Sexualforschung half dabei zu entdecken, was alles möglich ist, was schadlos erlaubt sein könnte, wenn wir uns erst zu einer wirklich sexualfreundlichen Moral durchgerungen hätten. Männer und Frauen, Jugendliche und alte Leute wurden gründlich befragt. Ein Plexiglaspenis mit eingebauter Filmkamera erlaubte genauere Bilder des weiblichen Orgasmus, als sie jemals vorher ein Mann wahrnahm. Erogene Punkte und Zonen wurden kartographisch erfaßt. Die Menschen hätten so lustvoll glücklich sein können wie ein halbverhungerter Schiffbrüchiger, den eine gute Fee in ein Dreisternelokal versetzt.

Aber wie die Gefahr groß sein mag, daß der ausgehungerte Matrose sich am Geschenk der Fee überfrißt und mit der Küche eines Armenspitals besser bedient gewesen wäre, so schleppte die befreite Sexualität ein schleichendes Gift in die Intimsphäre: Normendruck, Leistungsforderung, Orgasmuszwang. Es lag allzu nahe: Wenn Liebe mit Sexualität zusammenhängt (tut sie das etwa nicht?), wenn Sexualität als zielgerichteter psycho-physiologischer Ablauf exakt erforscht ist, dann wird Liebe machbar. Der befreite Trieb domestiziert sich durch das Wissen, das ihm abgerungen wurde. Die Sexualforscher mit dem Plexiglaspenis interessierte weder die Psyche noch die Physiologie der (wenigen) Versuchspersonen, die sich solchen Prozeduren verweigerten. Sie hielten es mit Francis Bacon: Da die Natur freiwillig zu wenig bekennt, muß man ihr tieferes Wissen unter der Folter des Experiments abzwingen.

Die Folgen der Popularisierung solchen Wissens fingen an, auf ganz unerwartete Weise die Psychotherapeuten zu beschäftigen. Diese sprachen von «Kolle-Geschädigten»: Personen, die vor einem Übermaß an selbstgeforderter Sexualperfektion zusammenbrechen und Lust wie Potenz verlieren. Als ich (während meiner Tätigkeit als Medizinjournalist) den Ausdruck zitierte, erhielt die Redaktion einen Protestbrief von Oswalt Kolle. So sei das nicht gemeint gewesen, er selbst habe sich immer dagegen verwahrt, Sexualität als Leistung zu fordern, habe stets auf Gefühl und Lust hingewiesen. Heute gebe ich Kolle recht. Wer den Journalisten für die Folgen seiner Nachricht verantwortlich macht, handelt nicht viel weiser als der orientalische Despot, der die Überbringer schlechter Botschaften köpfen läßt. Worte sind machtlos, wenn sie affirmativ den Zeitgeist vertreiben wollen. Die schönen Reden der Familienpolitiker erinnern mich an einen Forstbeamten, der den sterbenden Wäldern eine Predigt hält, es sich doch noch einmal anders und besser zu überlegen. Die Beschwörungen der Sexualaufklärung, doch bitte kein Leistungsdenken in der Orgasmus- und G-Spot-Suche anzuwenden, wirken ähnlich hilflos. Wenn überhaupt zu etwas, dann führen sie vielleicht dazu, daß sich die Betroffenen zusätzlich anstrengen, nicht angestrengt zu wirken, nicht an Leistung zu denken.

Die in der psychoanalytischen Praxis behandelten Fälle werden mit einer Gründlichkeit untersucht, welche die üblichen Fragebogenauskünfte weit übertrifft. Sie sind aber nicht im Sinn der statistischen Umfrage repräsentativ. Immerhin signalisieren sie eine Trendwende. Nicht mehr Schuldgefühle über begangene Sünden plagen seinen Patienten, sondern Versagensängste: daß er nicht gut genug, nicht intensiv genug empfindet, daß er nicht «richtig» lieben kann, zu keiner «richtigen» Beziehung fähig ist. Näheangst und Bindungsscheu, die sich daraus ergeben, haben viele Gesichter. Oft werden sie an einen Partner delegiert, von dem die Betroffenen glauben, er sei faszinierend, aber unerreichbar. Tatsächlich fasziniert er, *weil* er unerreichbar ist.

Während früher emotionale Passivität ein Privileg der Frauen war, die gewählt und erobert werden sollten (und allenfalls unauffällig mit dem verlorenen Taschentuch nachhelfen durften), wird sie heute nicht nur in den Hollywoodfilmen ein männliches Attribut. Ein Buch wie Svende Merians «Suche nach dem Märchenprinzen» erreicht Höchstauflagen. Hier klagt eine verdeckt beziehungsängstliche und perfektionistische Frau die offene, nachweisbare Beziehungsscheu eines mangelhaft emanzipierten Mannes erbittert an. Die Zeichnung von Doris Lerche, in der zwei schlappe Narzißten nebeneinander sitzen und sich sagen: «Ich möchte mal so richtig geliebt werden!» – «Ich auch» – trifft die Situation ziemlich genau. Der Partner wird genau beobachtet, ob er auch die richtigen Gefühle bringt. Dann kann man ihm Gleiches mit Gleichem vergelten.

Das Wissen darum, daß die sexuellen Gefühle wichtig sind, hat nicht diese Gefühle befreit, sondern die Ansprüche an sie. Bindungs- und Näheängste sind ein Ausdruck des Zurückweichens vor diesen Ansprüchen. Die naiven Sexualbefreier haben etwas übersehen, was der pessimistischere Freud nie aus den Augen verlor: die Bürde der kulturellen Einschränkungen bleibt hart zu tragen, auch wenn es gelingt, punktuelle Erleichterungen zu schaffen. Gerade durch sie wachsen auch die Erwartungen. Der Sexualreform ist es ähnlich ergangen wie dem Pfarrer in einem Witz, den Freud sehr liebte. Dieser Pfarrer wird von den Angehörigen zu einem todkranken Versicherungsagenten gerufen. Sie versprechen sich eine günstige Gelegenheit, den gottlosen Spötter zu bekehren. Nach einem langen Gespräch bleibt der Vertreter ungläubig. Der Pfarrer hingegen geht versichert fort.

Die von Wilhelm Reich geäußerte Hoffnung, die autoritären Strukturen der Industriegesellschaft mit der Brechstange einer sexuellen Enttabuisierung aus den Angeln zu heben, ist gescheitert. Statt dessen greifen Prinzipien der industriellen Produktionsweise und vor allem des Marketing von Konsumgütern auf die Sexualität über. Das drückt sich schon in der Sprache aus: Man «investiert» in eine Beziehung (aber nur in eine «richtige», eben keine «oberflächliche Bettgeschichte»).

Dieses Scheitern der Aufklärung hat gerade die gesellschaftskritischen Sexualforscher resignativ und gegeneinander aggressiv gemacht. Bornemann kritisiert Sigusch wegen seiner mageren Forschungsleistungen, Sigusch Bornemann wegen seiner aufgeblähten Zettelkästen. Befragungen oder objektivierende Forschung im Stil von Masters und Johnson sind out – aber was ist in? Die Sexualberatung als solche ist zum politischen Zankapfel geworden, um den sich die kirchlichen Stellen mit den weltlichen streiten. Auch Konflikte zwischen Berufsgruppen spielen eine Rolle, seit der Klientenmarkt auch für Ärzte, Eheberater und Psychologen enger wird. Als kürzlich die psychotherapeutisch weitergebildeten Mediziner durchsetzten, daß den Gynäkologen die Möglichkeit beschnitten wurde, Psychotherapie-Leistungen in ihren Sprechstunden abzurechnen, wurde Protest laut. Eine Berufsgruppe, die lange Zeit durch die reaktionärsten Äußerungen zum Thema Sexualität aufgefallen war, posierte in der Rolle der naturwüchsigen Sexualberater.

Manche Frauenärzte sind das in der Tat – nicht anders als katholische Eheberater, die sich ihrem Gewissen mehr verantwortlich fühlen als den päpstlichen Enzykliken. Auch das ist eine Entwicklung, die sich Magnus Hirschfeld nicht hätte träumen lassen. Sexualberatung wird für die breite Bevölkerung kostenlos angeboten. Daß damit die Probleme der Menschen in ihren sexuellen Beziehungen weniger oder leichter geworden sind, wird heute niemand mehr fordern. Auch die Polizei benützt schließlich das Wachsen der Kriminalität nicht dazu, sich in Frage zu stellen, sondern neue Planstellen für Beamte zu fordern.

Aber die Frage wird unabweisbar, was übersehen wurde in der Sexualforschung, wenn sie in dieser Weise unfähig war, die Folgen der eigenen Aufklärungswirkungen vorherzusagen. Nun ist das gewiß keine Schande. Kaum eine Wissenschaft vermochte es bisher, ihre sozialen Wirkungen auch nur annähernd vorauszuahnen. Günter Anders hat in seinem Buch über die «Antiquiertheit des Menschen» diese Situation geradezu zum Grundsatz unserer fortgeschrittenen Zivilisation erklärt. Statt uns in Utopien zu träumen, verschließen wir die Augen vor einer Zukunft, die seit der Entdekkung der Atombombe buchstäblich unvorstellbar geworden ist.

Die Sexualforschung hat von der viktorianischen Tradition ein partialisiertes, vom Rest des Gefühls- und Beziehungslebens abgespaltenes Interesse an der Sexualität übernommen. Es ist schwierig, nachträglich zusammenzuflicken, was zuerst getrennt wurde. Das läuft auf so hilflose Bekräftigungen hinaus wie die Aussagen, daß es selbstverständlich um den ganzen Menschen geht, daß selbstverständlich eine gute Gefühlsbeziehung da sein muß, ehe man mit einer technisch orientierten Sexualtherapie beginnen kann usw.

Die bürgerliche Gesellschaft des 19. Jahrhunderts, deren Traditionen unser Leben immer noch strukturieren wie die Meridiane eine Zeichnung des Kartographen, hat den Menschen in Widersprüche gezwungen, mit denen viele Individuen nicht fertig werden konnten. Zunächst wurde dieses Versagen als Krankheit angesehen und der Medizin überantwortet, die sich dadurch zu einem mächtigen, konsolidierten Berufsstand entwickelte. Vergessen waren die Doktores Eisenbarth, die Zahnreißer und Starstecher, die auf Jahrmärkten ihre Kunst ins Volk schrieen. Die medizinische Perspektive mit ihrer Konzentration auf den einzelnen Menschen führt immer dann in gefährliche Sackgassen, wenn die Ursachen nicht in einem weiteren Eindringen (quasi unter die Haut der Betroffenen) gefunden werden könnten, sondern nur darin, daß die eigene wissenschaftliche Zuständigkeit in Frage gestellt wird. Vielleicht ist es kein Zufall, daß die Psychologie erst heute anfängt, sich mit einem Begriff auseinanderzusetzen, der hier nützlich ist: dem Narzißmus. Wie viele Begriffe, die plötzlich einen ungeahnten Aufschwung in Literatur und Diskussion nehmen, ist auch dieser verwirrend vieldeutig geworden. Die Tendenz geht dahin, im Narzißmus nicht mehr eine krankhafte Selbstverliebtheit zu sehen, sondern ein «normales» Bedürfnis nach Geltung und Bestätigung, das sich freilich von der «Geltungssucht» oder dem Egoismus der Alltagssprache dadurch unterscheidet, daß seine Wirkungen oft nicht bewußt sind und gerade hochstehende soziale Motivationen (wie die Nächstenliebe) durchaus narzißtisch mitbestimmt sein können.

So gesehen, ist der Narzißmus unentrinnbar. Wer sich völlig frei von solchen Motiven erklärt, macht sich nur verdächtig, daß es gerade seine persönliche Form von Narzißmus ist, diesen zu verleugnen. Das bedeutet, daß dieser psychologische Begriff sinnvollerweise nicht objektivierend, als diagnostische Zuschreibung gebraucht werden kann, sondern nur dialogisch, als Konsens zwischen zwei Subjekten, von denen sich keines durch diese Zuschreibung verletzt fühlen muß. Dem Psychoanalytiker ist diese Form der Herstellung von Wirklichkeit vertraut. Solange die Situation durch Argument und Gegenargument bestimmt wird – «das ist Widerstand» – «nein, das ist kein Widerstand» –, läßt sich keine Entscheidung finden, was tatsächlich vorhanden ist. Erst wenn beide Beteiligten sich einigen können, ohne daß einer von ihnen äußere Machtmittel angewendet hat, wird die Entscheidung möglich, was es wirklich war. Mit solchen, dem objektivistischen Wissenschaftsbegriff widersprechenden Situationen muß umgehen, wer die menschliche Beziehung untersuchen will. Viel spricht dafür, daß Sexualität nur in solchen Beziehungen erfaßt werden kann, daß sie nicht sinnvoll verdinglicht werden kann wie die menschliche Verdauung oder die Muskulatur. Jedoch weil die Sexualstörungen individuelle Krankheiten sein sollten, nicht ein Ausdruck gesellschaftlicher Widersprüche, mußte auch die Sexualität zu einer behandelbaren Sache werden, die von Sexualforschern untersucht und von Sexualmedizinern, Sexualtherapeuten usw. bei Störungen versorgt werden sollte.

Der Narzißmus der Forscher liegt darin, daß es ihnen anscheinend nicht möglich war und ist, sich solchen Aufgaben zu verweigern. Im Gegenteil: sie drängen sich geradezu danach, Menschen in ihrer Intimsphäre zu untersuchen, sie kontrollierbar zu machen und die Ergebnisse einem möglichst breiten Publikum mitzuteilen. Daß heute die freizügigsten Stellen in blankem Deutsch verfaßt werden, wird jeder Sexualforscher als Schritt nach vorne gedeutet haben. Ärzte haben im 19. Jahrhundert Frauen an der Klitoris operiert (lange vor der ersten Blinddarmoperation), um sie an der schädlichen Masturbation zu hindern, und im 20. Jahrhundert widerstrebende Witwen zum Sexualverkehr verdonnert (wie es Freud so anschaulich in seiner Arbeit über die «wilde Psychoanalyse» schildert). Wann hätte sich jemals einer in Sexualfragen für unzuständig erklärt? Und sicher sind Ärzte in diesem Punkt nicht narzißtischer als zölibatäre Geistliche oder belesene Diplom-Psychologen, die ebenfalls selten auf die Idee kommen, ihre Meinung für unwesentlich zu halten und statt dessen herauszufinden, was in der Beziehung zwischem dem Ratsuchenden und seinem Sexualpartner bzw. in der Beziehung zwischen dem Ratsucher und dem potentiellen Ratgeber geschieht.

Die Gefahr, die in diesem Narzißmus der Forscher liegt, muß in einer Epoche deutlicher werden, in der nicht mehr das Wissen knapp ist, sondern die Kraft, die Folgen dieses Wissens zu begrenzen und vorauszusehen. Am Beispiel von Chemikalien wie DDT, PCB oder Dioxin läßt sich das vielleicht besser veranschaulichen als an psychologischem oder medizinischem Wissen. Aber es sollte uns sehr zu denken geben, daß wir klug genug sind, Dinge zu erfinden und zu vermarkten, deren Folgen unentrinnbar schädlich (wie das DDT in der Muttermilch) oder potentiell hochgefährlich sein können (wie die atomaren Abfälle). Beziehungsgebundenes Wissen, wie das um Sexualität, eignet sich anscheinend ebenfalls nicht für den Markt.

Die Töpfchen-Deckelchen-Lösungsmodelle sollten kritischer gesehen werden – jene Scheinlösungen, in denen beruflicher Narzißmus und Verweigerung ganzheitlicher Verantwortung von seiten der Gesellschaft eine Mesalliance eingehen. Eine neue Spezialdisziplin entsteht, die das lästige Problem behandelt, es zu lösen vorgibt, Expertentum dafür entwickelt, bis endlich klar wird, daß die Lösung ausbleibt. Die Konsumgesellschaft liebt solche Lösungen. Sie schaffen Arbeitsplätze und die Hoffnung auf eine stete Verbesserung des Bestehenden. Während Diktaturen mit diesen Störungen eher umgehen wie die Mutter des fieberkranken Kindes, die das Fieberthermometer zerbricht, stellen wir einen eigenen Spezialisten für das Ablesen von Thermometern ein. Dieser verfaßt komplizierte Abhandlungen darüber, wie diese Aufgabe korrekt zu erledigen sei. Beide Verfahren haben gemeinsam, daß eine wirkliche Abhilfe ausbleibt.

Ich will hier nicht in die Richtung argumentieren, die sich als Position des «Das haben wir früher auch nicht gebraucht» zusammenfassen läßt und dem diktatorischen Zerbrechen des Fieberthermometers nahesteht. Sexualstörungen, Neurosen, psychosomatische Beschwerden lassen sich nicht wegdiskutieren. Entlastung für die Betroffenen ist notwendig und sollte über die Psychopharmakarezepte hinausgehen, die heute das rascheste Umsatzwachstum in der pharmazeutischen Industrie haben. Die Gefahr, über die wir nachdenken sollten, liegt eher darin, daß die Experten beziehungslos und unpolitisch, allein ihrem beruflichen Narzißmus und dem Kampf gegen berufsfremde Narzißmen verpflichtet ihre Spezialgebiete pflegen. Daß sie sich keine Gedanken darüber machen, wie den Störungen vorgebeugt werden könnte – oder zumindest in solchen Überlegungen immer dann aufhören, wenn ihre eigene Pfründe gefährdet ist.

So kann die Entwicklungs- und Wirkungsgeschichte der Sexualforschung ein Modellbeispiel für die Aporie der Industriegesellschaft sein. Um mehr Menschen vor materieller Not zu bewahren, als es je zuvor möglich war, wurde der Natur der Krieg erklärt, wurde sie unterworfen und dienstbar gemacht. Das betraf aber nicht nur die äußere Natur, die heute an die Grenzen ihrer Belastbarkeit kommt, sondern ebensosehr auch die innere Natur. Freud kleidete seine Meinung zur viktorianischen Sexualmoral in das Gleichnis vom Stadtpferd der Schildbürger. Dieses war ein braves, gut dressiertes Arbeitstier, hatte aber eine lästige Schwäche: Es wollte jeden Tag sein Maß Hafer haben. Die Schildbürger beschlossen, dem durch einen weiteren Dressurfortschritt abzuhelfen. Sie verminderten als gute Erzieher die Haferration nur schrittweise, jeden Tag um einige Halme. Endlich war der Tag des Triumphs der Erziehung gekommen. Das Tier sollte von morgen an gänzlich haferfrei arbeiten. Leider war das tückische Pferd an genau diesem Morgen tot.

Leider hat sich gezeigt, daß die Lösung des bürgerlichen Sexualdilemmas nicht so einfach ist, wie es dem scheinen mochte, der über die dummen Schildbürger lacht. Die Sexualisierung der Öffentlichkeit, die repressive Entsublimierung hat gewissermaßen versucht, das Stadtpferd durch Kraftfutter (eine Art Astronautenhafer) wieder in den Stand nicht nur normaler, sondern großartig gesteigerter Leistungsfähigkeit zu bringen. Aber als das Tier immer unlustiger wurde und Verhaltensstörungen zeigte, fing man an, ihm Videotapes von Wildpferden vorzuführen und es während der Arbeit mit ermunterndem Gewieher aus dem Lautsprecher zu berieseln. Dennoch wurden immer mehr Pferde unlustig, arbeitsscheu – und manche der besten mochten sogar den Astronautenhafer nicht mehr fressen.

Die Schildbürger unserer Zeit werden nach neuen Lösungen suchen. Sie haben den Sexualforschern voraus, daß sie von den Stadtpferden deutlich unterschieden sind, was der Humanwissenschaftler, der seinesgleichen «beforscht» und somit ständig in den Spiegel der Quelle blickt, in der Narziß ertrank, nicht erreichen wird. Ich persönlich glaube, daß die psychosozialen Helferberufe nicht deshalb nützlich und notwendig sind, weil sie den Menschen etwas geben, was diese früher nicht hatten. Ich vermute eher, daß sie notdürftig und bruchstückhaft etwas ersetzen, was verlorengegangen ist. Schmerz und Trauer, Versagung und Tod sind unbesiegbar. Die Generationen vor uns konnten nicht wegen einer mystischen Qualität ohne Psychotherapie mit ihnen leben, sondern weil alle von ihnen das tun mußten und es kein Versprechen des größten Glücks für die größte Zahl gab. Dieses Versprechen ist in der Form, in der es die Konsumgesellschaft gibt, nicht einlösbar: Doppelt schmerzlich fällt, wer weder damit gerechnet hat noch durch die übermäßige Präsenz von Leistungs- und Liebesglück in den Medien darauf vorbereitet ist, daß unausweichliches Schicksal des Menschen nicht Erfolg und Lust sind, sondern Schwäche, Versagen und Alter. Wenn ich an meinen Klienten erlebe, wie sich erfolgsgewohnte und verwöhnte Menschen ihre intimen Beziehungen zur Hölle machen, weil es keiner dem anderen genau recht machen kann, denke ich oft daran, wie weit entfernt von ihrer Schwäche und Hinfälligkeit diese Klienten sind, die auf der Suche nach dem lupenreinen Glück nur trübes Unglück finden, sich und ihre Partner aber anscheinend für unzerstörbar halten.

Narziß, der ewig junge, ist heute mächtiger als Ödipus, der alt wurde und Lust wie Schmerz kennenlernte. Die Schildbürger, welche nicht Stadtpferde behandeln, sondern ihresgleichen, sind wir. Die Problematik dieser Situation ist schwer zu durchschauen. Vielleicht hilft ein Vergleich mit der Landschaft. Sie war in Europa schon sehr lange Zeit vorwiegend Kulturlandschaft – auch der «natürliche» Wald. Früher war es umgekehrt. In den Märchen ist noch deutlich, wie bedrohlich die ungezähmte Natur ist, wie der Wanderer nachts auf ein Licht zuläuft, mag ihn auch die Hexe erwarten. Mit einer deutlichen Zeitverschiebung scheint sich in unserer inneren Landschaft eine ähnliche Entwicklung abzuspielen. Die einst bedrohliche Triebnatur ist kultiviert. Aber die industriell bestimmte Umgangsform mit der kultivierten Natur ist nicht rücksichtsvoll und an stabilen Kreisläufen interessiert, sondern rücksichtslos, auf rasche Ausbeutung gerichtet. Solange das Land unermeßlich scheint, kann der Raubbau große Erfolge versprechen. Diese schlagen aber plötzlich ins Gegenteil um, wenn die Ressourcen erschöpft sind. Dann ist guter Rat teuer. Man kann nicht einfach mit sinnvolleren, ökologisch orientierten Mitteln neu beginnen, sondern muß erst die Schäden beseitigen, die der bisherige Raubbau verursacht hat. Und oft verspricht eine verfeinerte Form des Raubbaus kurzfristig mehr Erfolg und verschlechtert die langfristige Perspektive noch mehr.

Eine Frage scheint mir offen: Läßt sich die von Herbert Marcuse beschriebene «repressive Entsublimierung», der Schritt von der erzwungenen Enthaltsamkeit zum erzwungenen Orgasmus mit der Rekultivierung verkarsteter Felder durch eintönige, häßliche Wälder vergleichen oder mit dem Aufstellen toter Plastikbäume, die den flüchtigen Blick über das Elend der Landschaft täuschen können? Ich vermute, daß die Lage nicht zuletzt deshalb so kompliziert ist, weil in den rekultivierten Wäldern lebendige Bäume (mit dürren Ästen und vom sauren Regen gezeichneten Blättern) neben toten Pseudo-Bäumen stehen, deren strotzendes Grün unempfindlich gegen alle Umwelteinflüsse scheint.

Meine eigene Sexualität scheint mir auf jeden Fall genau diesem schwer entwirrbaren Bild von Öde und Fruchtbarkeit zu entsprechen, wobei die Fruchtbarkeit oft öder aussieht als die Pseudofruchtbarkeit. In meiner Praxis als Psychotherapeut, der mit sexuellen und mit Beziehungsschwierigkeiten zu tun hat, versuche ich Ansprüche an die eigenen und fremden Emotionen zu mildern und den Weg zu Empfindungen zu finden, die der Norm weder entsprechen noch sie widerlegen, sondern endlich einen freien Raum finden, in dem sich diese Normfrage nicht mehr stellt. Meine tiefe Skepsis gegenüber allen technischen Rezepten und Vokabularien, die angeblich unsere Beziehungen und unsere Sexualität verbessern sollen, veranlaßt mich aber nicht dazu, mich auf eine antitechnische Position festzulegen. André Béjin geht mir zu weit, wenn er die therapeutische Hartnäckigkeit der Sexualtherapeuten (von ihm Orgasmologen genannt) als Vernichtungswerk an den menschlichen Leidenschaften brandmarkt. Wir wissen wenig über menschliche Leidenschaften. Aber es scheint mir durchaus möglich, daß sie durch eine Therapie à la Masters/Johnson weder verläßlich vernichtet (wie Béjin glaubt) noch verläßlich hergestellt werden können, wie es der berufliche Narzißmus mancher Therapeuten zu fordern scheint. So mische ich in meine analytische Arbeit durchaus lerntheoretisch orientierte Ratschläge oder empfehle eine Verhaltenstherapie. Wenn die Psychoanalyse etwas über menschliche Beziehungen erfahren und sie verändern kann, verbinden sich Wissenschaft und Kunst eines Dialogs, in dem sich nicht eine narzißtische Monarchie einem formbaren Material gegenüber austobt, sondern ein sensibles Gleichgewicht zwischen zwei verschiedenen narzißtischen Systemen hergestellt wird.

Rätselhaft scheint mir dabei immer wieder die Psychologie der menschlichen Leidenschaft. Sie zu entziffern gelingt den Künstlern in der Regel besser als den Wissenschaftlern. Aber ist eine solche Trennung überhaupt sinnvoll? In den großen Arbeiten Freuds, um ein Beispiel zu nennen, scheint mir diese Arbeitsteilung aufgehoben und eine Synthese erreicht, die ihrem Gegenstand gerechter wird als der seichte Positivismus, den eine modische Freud-Kritik einklagen möchte. Weshalb stellen wir Gestalten wie die Zigeunerin Carmen, den adeligen Playboy Don Giovanni oder den Marquis de Sade auf die Bühne? Warum gerade sie, wenn bürgerliche Autoren versuchen, das Wesen der Sexualität zu erfassen? Wenn wir uns heute immer noch (oder schon wieder) für diese Gestalten interessieren, schwingt die Sehnsucht nach einer Epoche mit, in der sich Ich-Triebe und Sexualtriebe, Wildnis und Kultur, noch eindeutig und abgegrenzt gegenüberstanden, in der nicht, wie heute, die Wildnis künstlich angelegt war. Aber hat es solche Zeiten wirklich gegeben? War es damals nicht eher so, daß wegen der härteren Lebensbedingungen die Leidenschaften durch krasse Not entfacht wurden?

«Die Liebe vom Zigeuner stammt – liebst du mich nicht, bin ich entflammt» lautet die gängige Übersetzung der Habanera in Bizets «Carmen». Der Autor muß ein Vorurteil gegen Zigeuner gehabt haben: Dieses Lied paßt viel eher zu den bürgerlichen, seßhaften, von Mauern eingeschlossenen Liebenden. «L'amour est un oiseau rebelle»! Wo die Vernunft gefühlsfeindlich geworden ist, müssen die Gefühle unvernünftig werden. Statt dem pädagogischen Ideal zu folgen und genau da zu lieben, wo Sicherheit und Gegenliebe warten, findet der rebellische Eros nur den liebenswert, der erobert werden muß, bereitet ihm nur Lust, was verboten ist. Aber auch darin drückt sich eine Norm aus – sie ist nur wie ein Handschuh umgedreht. Eine Gemeinsamkeit von Carmen, Don Juan und de Sade ist die innere Kälte, mit der sie den Sieg der Leidenschaft über die Gefühle ihrer Partner/Partnerinnen planen. Aber in all ihrer Tücke sind sie überlegene Gestalten in einer Welt, in der Liebe zum buchhalterischen Aufrechnen von Liebesbeweisen verkommt und der gleichzeitige Orgasmus die Leidenschaften verläßlicher kontrolliert als Kette und Peitsche des Libertins den Gegenstand seines Begehrens je unterwerfen konnten.

Undurchschaut ist auch das Wechselspiel von Narzißmus und Trieb. Wir vermuten heute, daß die sexuelle Perversion nicht von der Triebseite, sondern vom Narzißmus her verstanden werden kann: Fesselung, Voyeurismus, Exhibitionismus, im Extremfall die sadistische Zerstückelung sind Versuche, eine emotionale Beziehung abzuwehren, die – verwirklicht – das brüchige Ich zum Zerfall bringen könnte. Aber andrerseits macht mich die immer wieder beschworene Revision der Psychoanalyse zu einer Selbstpsychologie mißtrauisch. Darin geht es anscheinend überhaupt nicht mehr um Triebbefriedigung, sondern nur noch um die Beschäftigung mit Einfühlungsmängeln der Mutter in der frühen Kindheit und den daraus folgenden Störungen des Ichs. Abgesehen von einer gewissen Realitätsferne von Therapeuten, die sich stundenweise und auf einer abgehobenen Ebene als die besseren Mütter aufspielen, stört mich daran die Preisgabe des Konflikts in seiner ganzen Chance und Tragik. Die Therapeuten scheinen mir selbst einer Illusion bedenklich nahe, von der sie doch kritische Distanz ermöglichen sollten: dem Glauben an die Machbarkeit des Glücks. Wir können heute anscheinend die Triebbefriedigung narzißtisch besser verwerten als den bewußt geleisteten Verzicht auf sie. Das erschwert aber auf längere Sicht die Stabilisierung des Narzißmus und seine Umwandlung aus der primitiven «alles oder nichts»-Form zu reiferen Stufen, wie der Befriedigung in Kreativität, Humor und Weisheit, die alle den Konflikt zwischen Trieb und Ich nicht *lösen*, sondern mit ihm *leben* wollen.

Die Schwelle zum bürgerlichen Zeitalter war kaum überschritten, da schrieb Heinrich von Kleist seine Betrachtung «Über das

Marionettentheater», in der die Ambivalenz des Wissens in der Gefühlswelt eindringlich dargestellt ist. Das Wissen stört, aber es ist gleichzeitig nicht wieder rückgängig zu machen. Das Paradies ist verloren, der Cherub bewacht den Eingang. Nur wer um die ganze Erde herumwandert, kann vielleicht eine Hintertüre finden. Phänomenologisch ist diese Schilderung bis heute nicht übertroffen. Wir wissen allerdings genauer, daß es das Macht- und Unterwerfungsprinzip des Wissens gegenüber der Natur ist, welches diese Schwierigkeiten verursacht.

Aber so bedroht sie ist, die sexuelle Liebe bleibt die wichtigste Entschädigung für die Versagungen des Erwachsenenlebens. Geistige Arbeit und der Kontakt mit Kindern, mit einer nicht zubetonierten Landschaft sind andere Entschädigungen, die es erlauben, am Rande des Abgrunds nicht zu verzweifeln, sondern ihn stunden- und tageweise zu vergessen. Manchmal denke ich, es wäre dazu nützlich, einige Jahre Worte wie «Beziehung» oder «Orgasmus» nicht mehr zu verwenden. Aber das entspräche wohl dem Versuch, eine Alarmglocke zu zerschlagen, weil die Gefahr, vor der sie warnt, unserer Gegenmittel spottet. Es ist die Gefahr eines Menschen, der sein Geheimnis und seine Utopie verloren hat. Geschützt von allen Überraschungen seiner Gefühle unterscheidet er sich kaum mehr von den Computern, mit denen er homosexuell verbunden ist: Narziß, der sich in einem Bildschirm spiegelt und der Faszination einer von ihm kontrollierten und berechneten Welt nicht mehr entrinnen kann.

8. Der Aufschieber

«Wenn ich eine schriftliche Arbeit abliefern soll, ist es immer dasselbe. Zuerst versuche ich den Termin möglichst zu vergessen, an dem ich fertig sein muß. Dann und wann erinnere ich mich daran, aber ich verdränge das gleich wieder. Morgen, sage ich mir dann, fange ich bestimmt an. Am nächsten Tag will ich mich hinsetzen. Aber vorher muß ich noch ganz gemütlich frühstücken. Dann fällt mir auf, daß ich noch nicht eingekauft habe. So ziehe ich los und finde auf einmal, daß ich eine neue Jacke bräuchte. Ich laufe herum, suche, probiere, kann mich aber nicht entscheiden. Endlich bin ich müde und muß nach Hause. Dort kann ich so erschöpft natürlich nicht anfangen, ich muß etwas essen und mich ausruhen. Dann ruft eine Freundin an und fragt, ob ich nicht Lust hätte, noch ins Kino zu gehen. Ich weiß, ich müßte eigentlich arbeiten, aber ich kann abends schlecht anfangen. So mache ich mit, aber ich habe keinen rechten Spaß dabei. Immer wieder muß ich daran denken, daß ich eigentlich anfangen müßte. Aber es ist wie verhext: mir kommt immer etwas dazwischen. Entweder merke ich, daß die Wohnung nicht geputzt ist, daß die Bücher unbedingt in die Bibliothek zurück müssen, daß mir gerade noch eine Literaturangabe fehlt. Dann renne ich weg und erledige Sachen, die ich sonst nicht mache, aber ich weiß genau dabei, daß ich nur die eigentliche Arbeit aufschiebe ... Mein Gott, was ist mir da schon alles eingefallen! Was habe ich schon für ein Chaos in den letzten Tagen vor dem Termin durchgemacht – einmal bekam ich mit Hilfe eines ärztlichen Attestes eine Verlängerung. Meistens schaffe ich es nur, indem ich die ganze Nacht vor dem letzten Tag vor der Schreibmaschine sitze und soviel Kaffee in mich hineinschütte, daß ich nachher drei Tage nur Haferschleim hinunterbringe. Wenn ich es dann hinter mir habe, bin ich erleichtert, aber auch deprimiert, weil ich es wieder nicht geschafft habe, mir die Zeit einzuteilen. Ich nehme mir vor, es nächstes Mal bestimmt anders zu machen. Aber ich glaube meinen eigenen guten Vorsätzen allmählich nicht mehr.»

Diese Erfahrungen einer Germanistikstudentin werden manche zu einem verständnisinnigen Kopfnicken oder auch Kopfschütteln veranlaßt haben. Ich will meine Untersuchung des «Aufschiebers» mit diesem Beispiel einer Arbeitsstörung einleiten. Solche Schwierigkeiten sind außerordentlich verbreitet. Wer die Erlebnisse von Aufschiebern genauer untersucht, findet meistens, daß sie Vorbereitungen aktiv und zielbewußt erledigen. Doch der Abschluß, die Vollendung sind gefährlich. Es ist, als ob der Weg zu ihnen durch einen mit giftigem Gas gefüllten Raum führe, in dem man nur kurze Zeit verweilen kann. Daher muß man es möglichst lange hinauszögern, ihn zu betreten. In extremen Fällen wird das ganze Leben von einem solchen Aufschub beherrscht. Einer meiner Schulfreunde ist Kunsthistoriker. Im Zug seiner Vorbereitungen auf seine Doktorarbeit hat er weite Reisen unternommen, verschollene Nachkommen des von ihm gewählten Künstlers aufgespürt und freundschaftliche Beziehungen mit ihnen begonnen. Er hat sich eine große Sammlung von Kunstgegenständen aus dieser Zeit zugelegt und erfolgreich mit Immobilien spekuliert. Aber seine vor fünfzehn Jahren begonnene Doktorarbeit ist nach wie vor unvollendet und wird es wohl bleiben.

Was macht die Vollendung für den Aufschieber so gefährlich? Wer die betroffenen Menschen so gut kennenlernt, wie es im Lauf einer psychoanalytischen Behandlung vorkommt, wird herausfinden, daß sie unter einem Zustand leiden, der sich als «zerstörerische Idealbildung» beschreiben läßt. Das heißt, sie stellen einen ungeheuren, unerfüllbaren Anspruch an sich selbst, vor dem ihre wirklichen Möglichkeiten auf ein Nichts schrumpfen.* Dieser Überanspruch ist es, der kleine Schritte so schwierig macht. Das erstrebte Werk, wie etwa die Doktorarbeit meines Jugendfreundes, müßte plötzlich fertig und vollkommen sein, wie die griechische Göttin

* *Vgl. W. Schmidbauer, «Alles oder nichts. Über die Destruktivität von Idealen», Reinbek (Rowohlt) 1980.*

Athene, die in voller Rüstung dem Haupt ihres Vaters Zeus entsprang. Der Aufschieber kann nicht liebevoll mit seinen begrenzten Fähigkeiten umgehen und sie dadurch wirklich ausschöpfen. Er setzt eher alles auf eine Karte. Ein nicht von diesem zerstörerischen Ideal geplagter Mensch würde, sobald er den Termin für seine Seminararbeit erfährt, die verbleibende Zeit so planen, daß er arbeiten, aber sich auch erholen kann. Er würde feststellen, daß er gut zurechtkommt, wenn er beispielsweise jeden Tag zwei Seiten der Endfassung zustande bringt. Daneben bliebe genügend Zeit für die Vorbereitung und für die Erholung, die erst für die Arbeit Kraft gibt. Für den Aufschieber ist das viel zuwenig, sowohl was die Menge, vor allem aber auch was die Qualität seiner Arbeit angeht. Seine eigene Kritik ist so gnadenlos, daß ihre Stimme nur für kurze Zeit durch den äußeren Druck des Abgabetermins und durch die zum Äußersten getriebene Angst gemildert wird, völlig zu versagen.

Das Aufschieben enthält also den Versuch, einer belastenden Situation auszuweichen. Gleichzeitig verstärkt dieser Versuch die Belastung. Es verbindet den Aufschieber mit dem depressiv gestörten Menschen, daß er in dem natürlichen Wechsel von Arbeit und Erholung, von Anspannung und Entspannung behindert ist. Man kann eine Art inneren Dialog rekonstruieren: «Du mußt jetzt anfangen und alles ganz gut machen!» sagt das strenge Gewissen. «Ich will aber nicht», sagt das unterdrückte Gefühl. «Ich schaffe es nie. Vorher will ich es mir noch gutgehen lassen!» «Ich werde dir jeden Spaß verderben», droht das Gewissen. «Und ich werde es nie schaffen und gar nichts mehr tun», protestiert die andere Seite. Es ist wie der Kampf zwischen einer strengen Mutter und einem trotzigen Kind. Jeder rechtfertigt seine Sturheit mit der Starre des Gegenübers. «Ich wäre nie so streng, wenn du ein bißchen gehorsamer und einsichtiger sein könntest», sagt die Mutter. «Ich wäre nie so trotzig, wenn du nicht so unnachsichtig wärst. Dir kann man es einfach nicht recht machen. Was ich auch tue, es ist verkehrt. Da tue ich doch lieber gar nichts», sagt das Kind.

Doch ist diese Lähmung nicht das einzige Hindernis, das dem Aufschieber im Weg steht. Wenn er nie gelassen und mit voller Kraft arbeiten kann, so beeinträchtigt das sein Selbstbewußtsein. Er fühlt sich unfähig, hoffnungslos unbegabt. Da er aber andrerseits deutlich spürt, daß es nicht Mangel an Fähigkeiten ist, der ihn hindert, sondern ein unbegreifbarer, emotionaler Widerstand, nährt er auch die Hoffnung auf den großen, erlösenden Durchbruch. Er wird es schon noch schaffen, er wird es noch allen zeigen, wenn er wirklich mal loslegt. Wie das Gegenstück von lähmendem Selbstzweifel und Kleinheitswahn in der Depression der Überschwang und Größenwahn der Manie sind, so kann man in den rauschhaften Arbeitsepisoden nach langem Aufschub durchaus einen geheimen Machtrausch erkennen. Ist nicht wirklich größer als andere, nur durch eine unbegreifliche Hemmung behindert, wer in zwei Tagen und Nächten eine Magisterarbeit schreibt, an der andere Studenten viele Wochen sitzen müssen? Ja, wenn man immer so arbeiten könnte wie dann, wäre man wirklich unschlagbar. Sicher, das Ergebnis entspricht dem eigenen Anspruch keineswegs. Aber es wird schließlich auch dadurch entschuldigt, daß es viel zu hastig hergestellt wurde, wie man ja auch nicht an die Notbrücke, die Pioniere über einen Fluß schlagen, einen Anspruch stellen kann, den nur die geduldige Arbeit langgeplanten Bauens zu erfüllen vermag. In seiner Erzählung «Schwere Stunde» hat Thomas Mann diese Situation beschrieben:

«Und es wurde fertig, das Leidenswerk. Es wurde vielleicht nicht gut, aber es wurde fertig. Und als es fertig war, siehe, da war es auch gut.»

Gemeint ist Schillers «Wallenstein», den dieser in nächtlicher Arbeit, von Kaffee und Likör stimuliert, seinem leidenden Körper abtrotzt. Dabei wird der Dichter von quälenden Visionen seines heiter und wie von selbst schaffenden Rivalen Goethe geplagt, «den er mit sehnsüchtiger Feindschaft liebte». Ich habe mir den Satz: «Es wurde vielleicht nicht gut, aber es wurde fertig» eingeprägt, weil er auch in der Psychotherapie solcher Arbeitsstörungen hilfreich ist. Der Aufschieber muß lernen, seine Ansprüche nicht auf die Vollendung des Ganzen zu richten, sondern sie auf die Fertigstellung von Teilen, von einzelnen Schritten zu ermäßigen. Das bedeutet aber auch, daß er sich nicht mehr in die Fesseln seiner Hemmung schlägt, um seine wirklichen Grenzen nicht erkennen und über ihre Unüberwindlichkeit trauern zu müssen. Solange er die Entscheidung aufschiebt, wieviel er wirklich zustande bringt, weil er ja nie mit etwas fertig wird, muß er auch nicht auf seine Ansprüche verzichten. Durch seine Arbeitsstörung erspart er sich diese Trennung und diesen Verzicht. Er spaltet zwischen seinem behinderten, gegenwärtigen Selbst und einem imaginären Größenselbst, das sich vielleicht irgendwann enthüllen wird, wie der Schwan, zu dem sich das häßliche Entlein mausert. Er vermeidet die Trauer über seine eigenen Begrenzungen, den Schmerz darüber, daß nicht alle Blütenträume reifen. Er ist wie eine Raupe, die sich nicht festlegen kann, welcher Schmetterling sie eigentlich werden will, und deshalb niemals erwachsen wird. Deshalb ist es auch kein Zufall, daß gerade Arbeiten, die eine deutliche Trennung von einem weniger verbindlichen Zustand enthalten, besonders durch solche Formen des Aufschubs belastet sind. Das sind zum Beispiel Prüfungen, die über eine berufliche Festlegung entscheiden und den Abschied von einem ungebundenen Leben als Schüler oder Student anzeigen, in dem man zumindest noch davon träumen kann, daß einem alle Wege offenstehen.

Der Aufschieber vermeidet vor allem Trauerarbeit. Diese Feststellung führt uns dazu, in ihm mehr als eine bizarre Persönlichkeit zu sehen, die allenfalls den Psychotherapeuten beschäftigt. Vielmehr verkörpert er die individuelle Ausformung eines gesellschaftlichen Geschehens, das uns alle bedroht. So ist es derzeit nicht zu übersehen, daß eine Mehrheit unserer Bevölkerung zu Aufschiebern wird, wenn sie etwa die Entscheidung vertagt, entweder auf die Rettung unserer Wälder und Flüsse zu verzichten oder auf unbegrenzten Konsum. Es bedeutet Trauerarbeit, wenn die Fahrer schneller Sportwagen nur mehr mit Tempo 100 auf der Autobahn fahren sollen, um etwas zur Erhaltung des Waldes zu tun. Diese Trauer wird vermieden, wenn Politiker Aufschub durch Großversuche erwirken. In vielen Bereichen begegnet uns diese Haltung. «Erst soll man was gegen die Abgase aus den Elektrizitätswerken und gegen die Luftverschmutzung durch die Flugzeuge tun», sagen die Autofahrer. «Wenn wir wirksamere Filter einbauen sollen, dann muß erst nachgewiesen werden, daß es wirklich hilft», sagen die Kraftwerksbetreiber. So wird eine Lösung weiter aufgeschoben, weil jeder kleine Schritt zu ihr schmerzhaft erscheint und keinen sicheren Erfolg verspricht. Der seelische Mechanismus ist dem des Arbeitsgestörten nicht ganz unähnlich. Auch er kann sich nicht vorstellen, daß ein kleiner Schritt, ein paar unsichere Sätze zu Anfang, die Lösung eines winzigen Detailproblems endlich doch zu dem angestrebten Erfolg führen.

Eine weitere Gemeinsamkeit liegt in der Fähigkeit der kleinen, nur persönlich betroffenen wie der großen, unsere Gesellschaft regierenden Aufschieber, immer wieder zu verdrängen, daß uns nur begrenzte Zeit zur Verfügung steht. Das führt dazu, daß eindeutig sinnvolle und längst überfällige Einschränkungen wieder aufgegeben werden, bis das nächste Ereignis erzwingt, sie wieder aufzugreifen. So hatten wir schon bleifreies Benzin und eine Geschwindigkeitsbeschränkung, wir hatten autofreie Sonntage. Alle diese Schritte sind wieder rückgängig gemacht worden. Wie begrenzt die Möglichkeiten der Industriegesellschaft sind, ohne eine tiefgreifende Zerstörung der Umwelt zu existieren (überleben wird sie so auf Dauer wohl nicht können), haben wir immer wieder gewußt – und immer wieder vergessen. Daß Autoabgase schädlich sind, wußten wir schon lange vor den ersten öffentlichen Diskussionen um das Waldsterben. Aber wir haben nicht darauf reagiert, haben die möglichen Lösungen aufgeschoben, bis uns jetzt die Katastrophenmeldungen erschrecken. Auch der «kleine» Aufschieber, von dem wir gesprochen haben, *weiß* genau, daß er bis zu einem bestimmten Termin seine Arbeit fertigstellen muß. Aber dieses Wissen bewegt ihn nicht, sein Verhalten zu ändern. Erst die unmittelbare, sinnliche Erfahrung führt ihn dazu.

Solche Beobachtungen können Zweifel daran wecken, ob sich Aufschieber überhaupt durch intellektuelle Einsicht in ihre Situation ändern. Diese Zweifel werden durch das Verhalten der Industriegesellschaft ihrer Umwelt gegenüber vielfältig bestätigt. Wir wußten alle, daß die Erdölvorräte begrenzt sind, und doch wurden Autos gebaut, in denen zwei Tonnen Stahl von großvolumigen Motoren zur Beförderung eines einzigen Menschen bewegt werden. Erst als diese Grenze sinnlich erfahrbar wurde – in Versorgungsschwierigkeiten und steigenden Preisen –, mäßigten die Straßenkreuzer ihren Benzindurst. Wie der Aufschieber insgeheim glaubt, er könnte, wenn erst der Druck groß genug ist, doch noch ganz schnell eine ganz perfekte Lösung finden, so machen uns heute die Werbetexter eine automobile Zukunft vor, in der wir gleichzeitig sparsamer, schneller und umweltschonender fahren werden. Was soll angesichts solcher Superlösungen das bißchen Tempolimit schon bringen? Warten wir doch noch ein wenig ab ...

Nun sollte mit solchen Analogien eine psychologische Analyse nicht abgeschlossen sein. Ich hoffe, den Zusammenhang hinreichend verdeutlicht zu haben. Aber die Hintergründe dieser Gemeinsamkeit sind noch dunkel. Kleine wie große Aufschieber wollen gleichermaßen den Kuchen behalten und aufessen. Sie vermeiden die Trauer, die notwendig ist, um auf eines der beiden Erlebnisse zu verzichten und sich dadurch das andere zu verschaffen. Nur ist unser Planet ein so großer Kuchen, daß wir ihn lange Zeit plündern konnten, ohne zu merken, wieviel an Substanz er bereits verloren hat.

Die Aufschieber lassen sich teilweise mit dem workoholic, dem Arbeitssüchtigen vergleichen. Der workoholic versetzt sich gewissermaßen ständig in den Rauschzustand, den die Aufschieber nur in ihrer Arbeitsphase unter höchstem Druck empfinden. Wie der workoholic leiden auch sie unter dem Widerspruch der Industriegesellschaft, in der sie mit einem enormen Aufwand an Kraft und Intelligenz Arbeiten verrichten, die sie nicht mehr als sinnvoll und befriedigend erleben. Der workoholic stürzt sich in die Arbeit, um das nicht mehr zu spüren. Sinn hin oder her, er tut etwas, schafft etwas, ist erfolgreich und unentbehrlich. Der Aufschieber sagt sich mit schlechtem Gewissen: Eigentlich macht es ja keinen Unterschied, ob ich die Arbeit mache oder nicht. Ich bin nur ein Rädchen im Getriebe. Ich müßte etwas Außerordentliches leisten, etwas, das wirklich neu ist und mich von den Millionen anderer unterscheidet. Aber das geht nicht. Also tue ich erst mal nichts. Aber das geht auch nicht.

In diesem Wechsel von Aufschieben und Ranklotzen unterscheiden sich die Aufschieber der Industriegesellschaft von früheren Charaktertypen, die man vielleicht mit ihnen verwechseln könnte. Reisende in südlichen Ländern haben schon oft teils entsetzt, teils amüsiert die dort ansässige Mañana-Mentalität beschrieben. Mañana heißt auf Spanisch «morgen» und wird wie eine Gummiwand dem Leistungsdruck der Gringos, der Ausländer aus dem Norden, entgegengesetzt: Wann ist die Arbeit fertig? Mañana. Wann wirst du endlich das Dach deiner Hütte reparieren? Mañana. Warum räumt hier niemand den Müll von der Straße? Mañana. Kann ich damit rechnen, daß die Ersatzteile bald kommen? Mañana, gewiß, Señor. Der angeblich «faule» Südländer, der sich durch seine Mañana-Haltung behauptet, spiegelt gewissermaßen noch die Zweipersonen-Fassung eines Dramas, das bei unseren Aufschiebern nur mehr auf einer innerseelischen Bühne spielt.

Noch früher, in den schriftlosen Kulturen der Jäger und Sammler, die nur eine überhebliche Einstellung «primitiv» nennen würde, ist es gänzlich selbstverständlich, die Arbeit so lange aufzuschieben, wie es geht. Typischerweise ist am Morgen kein Bissen Nahrung mehr vorhanden. Männer und Frauen müssen losziehen, um sich zu versorgen. Die wilde Natur ist ihre Vorratskammer. Damit kommen wir zu einem neuen Gesichtspunkt. Bisher haben wir nur die menschliche Neigung verfolgt, Arbeit, Leistung, Pflicht aufzuschieben. Aber die Kulturentwicklung ist mit einer anderen Form des Aufschubs eng verbunden: dem Aufschub der Befriedigung.

Als die spanischen Missionare die kalifornischen Indianer, die noch auf der altsteinzeitlichen Kulturstufe der Jäger und Sammler leben, «zivilisieren» wollten und ihnen daher Saatgetreide und Säcke voll Zucker schenkten, waren sie entsetzt. Die «Wilden» aßen den Zucker und das Getreide sofort. Sie verschlangen soviel raffinierten Zucker, daß einige sogar daran starben. Auf der Ebene der Jägerkultur war dieses Verhalten verständlich. Wer hier Süßes will, muß entweder Obst essen oder den wilden Bienen den Honig nehmen. Beide Süßigkeiten sind so gesund und so mühevoll zu sammeln, daß er ruhig soviel davon essen darf, wie er bekommen kann.

Mäßigkeit ist für einen Jäger und Sammler keine Tugend. Erst der Ackerbauer braucht sie, denn er darf seine Kühe nicht schlachten und sein Saatgetreide nicht aufessen. Das heißt, daß die Kulturentwicklung durch den Aufschub von raschem Lustgewinn erst möglich wurde. Aber während in den einfachen agrarischen Kulturen der äußere Zwang – die Peitsche des Aufsehers oder der drohende Hunger – in der Regel genügten, um den Genuß einzuschränken, erforderten die komplizierten Strukturen der bürgerlichen Gesellschaft eine noch viel höhere Fähigkeit, sich selbst Versagungen aufzuerlegen und die Befriedigung aufzuschieben. Jahrelange Arbeit mußte geplant werden, um endlich das gesteckte Ziel zu erreichen. An den mittelalterlichen Domen bauten Generationen von Steinmetzen und ertrugen es, ihr Werk unvollendet ihrem Nachfolger zu übergeben. Eine strenge Trennung von Arbeit und Freizeit entstand, wobei die Arbeitszeit sehr viel länger war als heute, allerdings auch sehr viel mehr Kontakt- und Beziehungsmöglichkeiten enthielt.

In der Konsumgesellschaft hat sich dieses Problem des Aufschubs der Befriedigung noch einmal verändert. In unserer Umwelt werden *beide* Formen des Aufschubs getadelt: Wer nicht arbeitet, weil er heute schon gegessen hat, wie der glückliche neapolitanische Fischer, der ist faul. Wer aber immer nur spart und den Genuß aufschiebt, ist geizig und gönnt sich nichts. Das heißt, daß wir eigentlich in zwei Welten leben, die sich überschneiden: der Leistungs- und der Konsumwelt.

Der Aufschieber bringt sie durcheinander. Er will dann konsumieren, wenn er eigentlich leisten müßte, und er wird durch sein schlechtes Gewissen und seine Gedanken an versäumte Leistung behindert, wenn er eigentlich konsumieren könnte. «Es ist unerträglich», sagt ein solcher Aufschieber: «Immer wenn ich mich an die Arbeit setzen sollte, dann fallen mir tausend schöne Dinge ein, die ich lieber täte und die mir viel besser gefallen würden. Ich kämpfe ständig mit diesen Gedanken oder ich fange sogar an zu träumen und merke erst nach einer halben Stunde, daß ich ja gar nichts gemacht habe. Aber umgekehrt ist es fast genauso. Wenn ich dann wirklich mal aufgebe und mir einen schönen Tag mache, zum Beispiel ins Gebirge fahre, wie neulich, bei herrlichem Wetter, dann kann ich das überhaupt nicht genießen. Ich muß ständig an die Arbeit denken, wie wenig ich davon geschafft habe, wie sehr sie mir bevorsteht, was ich noch alles machen muß und was mit mir passiert, wenn ich es nicht so hinkriege, wie ich es eigentlich muß.»

Der Aufschieber ist der Sisyphos der Industriegesellschaft. Hatte dieser nur einen Felsbrocken, den er in vergeblicher Mühe einen Berg emporwälzte, so schiebt der moderne Sisyphos gleich zwei Lasten vor sich her. Je weiter er sie schiebt, desto schwerer erscheinen sie ihm, der Berg an unerledigter Arbeit und der Berg an unerledigtem Vergnügen. Beide türmen sich vor ihm, machen ihn dauernd unzufrieden. Aber von keinem will er sich trennen. Aufschieber haben nie Zeit. «Eigentlich müßte ich auch noch» ist der Satz, den sie am liebsten aussprechen. Wenn man ihnen zuhört, muß man eine dicke Haut oder einen weiten Abstand haben, um nicht selbst an einem schlechten Gewissen zu leiden, weil man sich längst nicht soviel Mühe macht und doch anscheinend mehr erreicht als sie. Tröstlich ist da ein Spruch von Georg Christoph Lichtenberg: «Die Leute, die niemals Zeit haben, tun am wenigsten.»

Es ist, als ob im Aufschieber Progression und Regression einander den Krieg erklärt hätten. Diese beiden Begriffe müssen erläutert werden. Unter Progression verstehen wir die auf bewußte Leistung, auf Fortschritt und Bewältigung ausgerichteten Tätigkeiten unserer Person, unter Regression die Rückkehr in kindliche, emotionale, traum- und rauschhafte Zustände. Eine ausgewogene Beziehung zwischen beiden Seiten ist für dauerhafte seelische und körperliche Gesundheit notwendig. Wer nur Progression kennt, verarmt gefühlsmäßig zu einer Leistungsmaschine, beutet die Regenerationsfähigkeit des Körpers übermäßig aus und muß endlich erkranken. Wer nur die Regression kennt, kann nicht selbständig leben, muß seine Familienangehörigen oder die sozialen Einrichtungen übermäßig in Anspruch nehmen und wird in unserer Gesellschaft entweder in einem Nervenkrankenhaus oder in einem Gefängnis enden. Der einseitig auf Progression festgelegte Charakter genießt in der Industriegesellschaft viel mehr Ansehen, als Manager, als Arzt, als Lehrer, der «nur für seine Arbeit lebt».

Der Aufschieber kann diesen Widerspruch nicht lösen; seine regressive Seite sabotiert seinen progressiven Anspruch; seine progressiven Züge die Regression. In seinen Phantasien läßt sich oft beides nachweisen – die Sehnsucht, der größte Arzt oder Wissenschaftler seiner Zeit zu werden, umgekehrt aber auch die Angst, der schlimmste Nervenkranke, der totale Versager zu sein.

Es ist kein Trost für den Aufschieber, aber vielleicht ein Hilfsmittel für mehr kritischen Abstand zu seiner Situation, wenn er sieht, daß er in seiner Person einen Widerspruch austrägt, der sozusagen die individuelle Ausformung eines gesellschaftlich vorgegebenen Konflikts darstellt. Denn die Industriegesellschaften haben ebenfalls kein ausgewogenes Verhältnis zwischen Progression und Regression finden können. Ihr Verhältnis zur Umwelt ist ganz ähnlich wie das des progressiv Fixierten zu seinem Körper. Um Leistungssteigerungen in Teilbereichen zu sichern, wird die natürliche Regenerationsfähigkeit der Natur überfordert und zerstört – durch Chemieabwässer, Waschmittel und Kunstdünger in den Gewässern, durch Schwefel- und Stickoxide in der Luft. Dabei ist das Fernziel der Industriegesellschaft durchaus regressiv: Alle Menschen sollen im Überfluß und in Bequemlichkeit leben. Niemand darf verlangen, einmal erreichte Standards an Energieverbrauch, Wohnkomfort, Transportgeschwindigkeit aufzugeben. Die Konsumgesellschaft stimuliert die progressive *und* die regressive Seite der Menschen bis zum äußersten, bis zum Zerbrechen. Der Aufschieber drückt diese Spannung gerade in den quälenden Zuständen seiner Lähmung aus, in denen sich Leistungsdruck und Erholungstraum gegenseitig paralysieren.

Aber auch für diese Lähmung lassen sich vergleichbare gesellschaftliche Situationen finden, die erheblich bedrohlicher sind als die Nöte des Aufschiebers. In den gegenwärtig sehr gespannten Beziehungen zwischen Industriemanagern und Umweltschützern entwikkeln sich ähnliche Blockaden. Weil jede Seite von der anderen glaubt, daß sie um jeden Preis einsichtslos nur ihre Interessen durchsetzen will, ergibt sich oft ein ähnliches Patt wie beim Aufschieber. Jede Forderung erzeugt ihr eigenes Gegenteil und rechtfertigt sich durch dieses. Weil es gar so langsam geht mit dem Bau abgasärmerer Autos, fordern die Alternativen ein völliges Verbot. Damit steigt wiederum der Angstpegel in der Autoindustrie, die sich jede Maßnahme fast gewaltsam abringen läßt – nur keine Zugeständnisse, die könnten als Schwäche ausgelegt werden. Dabei ist es aus etwas größerem Abstand nicht schwer zu sehen, wie in dem Krieg zwischen Technik und Natur jede Seite ein Zerrbild der anderen gewinnen muß, mit dem jede Versöhnung unmöglich erscheint.

Vom Standpunkt der marxistischen Analyse ist der Kapitalismus der größte Aufschieber, den es jemals gegeben hat. Seinen Untergang, den er durch seine eigenen Widersprüche produzieren muß, hat er anscheinend durch gewaltige Anstrengungen immer wieder gerade in letzter Minute doch noch aufgeschoben. Erst die Zerstörung der natürlichen Umwelt hat eine Massenbewegung gegen die Zwänge der profitorientierten Warenproduktion in den industrialisierten Ländern geschaffen. Aber gerade in den jetzt entstehenden Auseinandersetzungen zwischen den Umweltschutz- und Friedensinitiativen einerseits, dem industriellen und militärischen Establishment andrerseits drückt sich die tiefe Verständnislosigkeit und die Feindschaft zwischen Progression und Regression deutlich aus. Jeder Beteiligte denkt, daß die Vertreter der Gegenseite ihn nur kaputtmachen wollen. So werden Lösungen verhindert, schwierige Probleme aufgeschoben. Beim Aufschieber ist es ganz ähnlich: Er kann sich keine wirkliche Regression gönnen, weil sein Bedürfnis nach ihr bereits extrem aufgestaut und bedrohlich ist. Gegen jede seiner Äußerungen muß sofort die Zensur der Progression mobilisiert werden. Andrerseits kann er auch nicht mehr selbstsicher und ruhig progressiv sein, weil ihm das dazu nötige emotionale Gleichgewicht verlorengegangen ist.

Solche Vergleiche sind keine Erklärungen, eher ein Anstoß, über die Überforderung des Menschen durch die von ihm selbst geschaffenen Strukturen nachzudenken. Lösungsversuche schlagen sich entweder auf die progressive Seite – wie der Marxismus, dessen Technik- und Fortschrittsglauben ihn gerade in den sozialistischen Ländern unfähig gemacht hat, eine wirkliche Alternative zur kapitalistischen Industriegesellschaft zu entwickeln. Oder sie verharren im regressiven Bereich wie die Psychotherapie, die Erholungsnischen für die von den Strukturen der Industriewelt geschädigten Menschen anbietet. Daher kommt es wohl, daß auch Marxisten und Psychoanalytiker ihren Dialog und ihre Versöhnung, von wenigen Ausnahmen abgesehen, bisher aufgeschoben haben. In der verständnislosen Ferne zwischen solchen Berufsgruppen und Weltanschauungen spiegelt sich der persönliche Konflikt des Aufschiebers wider. Auch hier ist eine Lösung nicht ohne Verzicht und Trauerarbeit möglich. Jede Seite muß die Allmachtsvorstellungen aufgeben, die sie mobilisiert hat, um sich gegen den vermeintlich überwältigenden Anspruch des Gegenübers zu schützen. Solange Versöhnung und realitätsgerechte Auseinandersetzung aufgeschoben werden, können die verfeindeten Seiten, jede für sich, noch die Überzeugung pflegen, durch weitere, noch vollkommenere Rüstung – mit guten Argumenten oder mit unschlagbaren Waffen, je nachdem – die Gegenseite ganz zum Schweigen zu bringen und die eigenen Ansprüche so rein zu verwirklichen wie die indischen Sikhs ihre Republik der Reinen, ihr Khalistan.

Religionskämpfe zeigen, daß gesellschaftliche Konflikte auch schon lange vor der Industriegesellschaft allein mit den Mitteln der Progression «gelöst» (verschlimmert, ja erst erzeugt) wurden. Mitleid mit fremder und eigener Schwäche, Bequemlichkeit, Angst – solche Merkmale durften schon in den hierarchischen Ackerbaugesellschaften keine Macht mehr haben über die Menschen. Wenn wir die Ereignisse jüngst in Indien, früher in Kambodscha oder Indonesien mit fassungsloser Befremdung verfolgen, dann erschrecken wir vor unserer eigenen Vergangenheit, aus der wir uns zum Teil befreit haben. Aber die zerstörerischen Ideale unserer Gesellschaft sind damit nicht verschwunden, sondern nur verlagert. Und zu diesen zerstörerischen Idealen, die weder verwirklicht noch verlassen werden können, gehört das Aufschieben wie der Schlüssel zum Schloß. Es erhält einen schlimmen Zustand, indem es die Angst vor einer Veränderung zum Schlechten wachhält und die Wege verdunkelt, die aus dieser unlösbaren Spannung herausführen.

«Eine Büchersammlung …

… ist der Gegenwert eines großen Kapitals, das geräuschlos unberechenbar Zinsen spendet.»

Dieses Goethe-Wort könnte beinahe auch für Pfandbriefe gelten, allein: dafür bedarf es keines *großen* Kapitals, und die Zinsen sind berechenbar.

9. Unsterblicher Don Juan

Bemerkungen zu einem Charakter

Aus der Liebeskunst des Dichters Ovid ist heute eine Sexualwissenschaft geworden, in deren Handbüchern dämonische Gestalten wie Don Juan entweder gar keine Rolle mehr spielen (wie in dem nagelneuen Werk von H. J. Haeberle) oder zur «oft in Dichtungen behandelten Gestalt des unersättlichen Liebhabers» verflacht werden, wie im «Lexikon der Liebe» Ernest Bornemanns. Diese Aussage trifft nicht einmal auf den ursprünglichen Charakter zu, jenen Don Juan de Tenorio, der Oberkellermeister des kastilischen Königs Peter des Grausamen gewesen sein soll. Was diesen adeligen Raufbold so auffällig machte, war nicht sein sexueller Appetit (den hatten viele feudale Herren) und nicht einmal sein Totschlag an einem erbitterten Vater (so was kam alle Tage vor), sondern die frevelhafte Torheit, die Ruhe der Toten zu mißachten, den steinernen Gast einzuladen.

Gerade diese Szene wird, da allzusehr von Aberglauben durchtränkt, in den neueren Bearbeitungen eher gemieden. Tirso de Molina, der sie zuerst verwendete (1613), konnte sich noch auf ein Publikum beziehen, das jeden Tag wundertätigen Bildern aus Stein und Holz begegnete – Madonnenstatuen, die Spielleuten ihre goldenen Pantoffeln schenkten; Heiligenbilder, die über Nacht traditionsbewußt auf ihren herkömmlichen Sockel kletterten, von dem sie übereifrige Neuerer entfernt hatten.

Dennoch reicht die symbolische Beziehung zwischen Don Juan und dem steinernen Gast tiefer, gewissermaßen bis zu den tönernen Füßen, auf denen das Standbild des patriarchalisch geprägten Mannes steht. Das zeigt sich am vollkommensten in Lorenzo da Pontes Verbindung der spanischen Urfassung mit den Neuerungen Molières: Don Juan räsoniert wie ein bürgerlicher Freigeist, handelt wie ein adeliger Nichtsnutz, während die Musik den unlösbaren Widerspruch zwischen Sinnlichkeit und Leistung, Sexualität und Moral vertieft und vergoldet. Dieser Don Juan ist kein sinnlicher Mensch, der es sich im Genuß bequem macht, kein glaubwürdiger Vertreter einer feudalen Epoche, in der es für die reichen Grundherrn selbstverständlich war, sich auf Kosten der Bauern ein angenehmes Leben zu machen. Der steinerne Gast steht für eine gefährliche, schließlich tödliche Verfestigung und Verhärtung des Menschen. Wie der Scheitel eines Gebirgspasses, so erlaubt diese Gestalt, zwei Zügellosigkeiten zu überblicken: die der Sinne und die des Ideals. Der sinnenfrohe Wüstling würde keinen Diener beschäftigen, der wie Leporello Sexualbuchführung macht:

> «In Italien sechshundertvierzig,
> hundert in Frankreich,
> in Deutschland zweihunderteinunddreißig,
> hundert in Frankreich,
> einundneunzig in der Türkei,
> aber in Spanien sind es schon tausendunddrei.»

Leporello drückt den Vorbehalt des leistungsorientierten Bürgers gegen den «lieben Herren» aus, aber der *caro galantuomo* ist bereits ironisch gemeint. Gleichzeitig ist nicht mehr klar, wer wessen Werkzeug ist. Oberflächlich gesehen ist Leporello der Knecht, der tun muß, was sein Herr befiehlt. Auf einer tieferen Ebene ist Don Giovanni der Sklave des Registers, das Leporello führt. Lädt er statt einer schönen Frau endlich den steinernen Gast zu sich, um dieser Sklaverei ein Ende zu machen, den Händedruck zu tauschen, den er wirklich sucht? Zumindest zwei Autoren, die den Stoff bearbeitet haben, sehen Don Juans Ende so: Nikolaus Lenaus Don Juan gibt sich dem Degenstoß eines unterlegenen Gegners preis, weil er seiner eigenen Unwiderstehlichkeit müde ist und endlich Ruhe haben will. Bei Max Frischs Drama «Don Juan oder die Liebe zur Geometrie» sind es nicht die Frauen, die der Held liebt, sondern die exakte Wissenschaft. Auf die Verführerrolle festgelegt, muß er seine Höllenfahrt inszenieren, um endlich in Ruhe arbeiten zu können.

Zwei Aspekte dieses «modernen» Don Juan habe ich bei einem vielfältig begabten Mann gefunden, der neben seinem frühen Erfolg als Künstler auch ein Doppelstudium absolviert hatte. Die Analyse begann er nicht, weil er sich krank fühlte, sondern aus einem Weiterbildungsinteresse. Er pflegte abends, wenn er nicht einschlafen konnte, die Frauen zu zählen, die er schon erobert hatte. Zur Zeit der Psychoanalyse waren es 64. Ich ertappte mich dabei, wie ich – erheblich älter als er – auf meinem sicheren Platz hinter der Couch meine Zahl zu schätzen versuchte. Er übertraf mich bei weitem; ich aber verspürte bei dieser Schätzung ein Unbehagen, dem ich nachging. Eigentlich wollte ich es gar nicht so genau wissen. War es nicht liebes- und lustfeindlich, mit seinen Erfahrungen zu prunken, die erotische Begegnung nicht als etwas zu erleben, das jedesmal ganz neu und anders war, sondern als enzyklopädische Sammlung, wo nur zählte, ob diese Variante bereits katalogisiert war oder nicht? Mir fiel ein, wie die Pueblo-Indianer fotografierende Touristen mit Steinwürfen verscheucht hatten und ich ihnen endlich recht geben mußte: die sinnliche Unmittelbarkeit, die magische Geltung eines Ritus, eines heiligen Ortes (und was ist in einer spirituell durchtränkten Gesellschaft wie der indianischen nicht heilig?) wird entwertet und verdünnt, wenn man sie fotografiert. Das Foto ermöglicht eine Fixierung, die dem Leben nicht gerecht wird, ein Register, in dem wie in einer Briefmarkensammlung nicht mehr jede Wahrnehmung zählt, sondern nur die, von der noch kein Duplikat abgeheftet wurde.

Unser Leben ist voll solcher Leporello-Alben. Der Ruf nach Datenschutz kommt meist zu spät und zu leise. Wir müssen unsere Phantasie nicht besonders anstrengen, um uns den modernen Leporello vor Bildschirm und Tastatur vorzustellen, wie er die Daten der neuesten Errungenschaft einspeichert – in ispagna giá milletre – wie soll man da anders den Überblick behalten? Was wird passieren, wenn wir die Grundsätze von Eroberung, Kolonisation, Erfassung, Beherrschung auf alles ausdehnen, was uns begegnet? Diese bange Frage stellt sich Don Juan nicht, er handelt schon nach seiner Antwort auf sie.

Noch in einem anderen Punkt als dem Zählzwang glich mein damaliger Klient – nennen wir ihn Hans – dem Don Juan der Sage. Er konnte nämlich im Grunde mit Frauen nicht viel anfangen. Eigentlich wußte er gar nicht, was er mit ihnen machen sollte, wenn er sie erobert hatte. Sie machten ihm Angst, was er aber nicht als Angst erlebte, sondern nur als Zwang zu rastloser Aktivität. Er konnte praktisch nicht aufhören, seine Partnerinnen zu erobern. Das war so lange sinnvoll, wie sie nicht erobert waren. Hatten sie sich aber hingegeben, waren sie zärtlich und anschmiegsam, dann plagte ihn weiter ein rastloses Streben, sich auf die Frau zu beziehen, einen guten Eindruck zu machen, sich zu produzieren, ihre Wünsche zu erraten. An einem Montag erzählte mir Hans von einem qualvollen Wochenende. Eine eben eroberte Frau hatte volle zwei Tage mit ihm in seiner Wohnung verbracht. Es sei fürchterlich gewesen. Er habe keinen Augenblick Ruhe gehabt, habe ständig versucht, sich einfallen zu lassen, was sie denn zusammen hätten machen können. «Ich konnte mich nicht einmal hinsetzen und in Ruhe die Zeitung lesen», sagte er vorwurfsvoll und warb um mein Verständnis, daß er inzwischen beschlossen habe, sie nicht wiederzusehen.

Zur sinnlichen Liebe gehört zweierlei: Aktivität und Passivität, Bewegung und Ruhe, Eroberung und Entspannung. Nun scheint es, daß Hans nur eine Seite erleben darf: die aktive. Warum? Eine erste Antwort wäre, daß er in ihr die aggressiven Strebungen, Haß und Verachtung besser unterbringen kann. Solange die Frau erobert werden muß, solange die Erwiderung der sexuellen Gefühle unsicher bleibt, ist es für Hans einfacher, mit seinen aus Haß und Zuneigung gemischten Gefühlen dieser Frau (allen Frauen) gegenüber umzugehen. Er spaltet sie in zwei Bilder: ein schönes und anziehendes, das er an sich ziehen will, und ein häßliches, abstoßendes, das er nicht abweisen muß, solange nicht geklärt ist, ob er die neue Geliebte gewinnt. Sie ist, solange er sie strebend idealisiert, gewissermaßen zweidimensional, ein schönes Bild, wie gemalt. Sobald sie ihm aber erlaubt, sie in die Arme zu nehmen, gewinnt sie Fülle, nimmt Raum ein, entwickelt eine Schattenseite. Sobald der erotische Reiz verflogen ist, wird sie lästig, macht ihn aggressiv. Am liebsten würde er sie gleich aus dem Bett werfen, in das er sie mit soviel Mühe gebracht hat.

Don Juan wird von denselben Phantasien beeinflußt, die hinter den Märchen von Sirenen und Vampiren stehen. Die Sirenen haben süße Stimmen, mit denen sie die Seeleute auf ihre Insel locken. Aber wehe, einer betritt diese Insel, müde von seiner Irrfahrt. Bald werden seine Gebeine neben denen seiner Vorgänger in der Sonne bleichen. Der Vampir – la bella donna senza pietà – ist eine verführerische Frau. Aber wehe, du schläfst friedlich neben ihr ein, wenn du sie geliebt hast. Sie wird dir das Blut aussaugen und dich verhexen, bis du ein Gespenst in ihren Diensten bist. Auch die Sphinx, mit dem Antlitz und den Brüsten einer Frau, hat unten einen Löwenkörper mit gefährlichen Tatzen: sie zerreißt jeden, der ihr Rätsel nicht löst.

Unter dem Eindruck solcher Bedrohungen ist das Verhalten des Don Juan sinnvoll. Er rettet seine Haut, wenn er das schöne Bild genießen will, sich jedoch aus dem Staub macht, bevor Krallen und Zähne ihn festhalten und zerstückeln. Aber sind die Frauen denn alle Sirenen, Vampire, Sphinxen? Natürlich nicht (was keiner eifriger bestätigen würde als Don Juan selbst). Die Vermutung liegt nahe, daß die verschlingenden, bedrohlichen Seiten der Frau, denen Don Juan nie begegnet, weil sie ihn ständig verfolgen und er sie ständig flieht, mit einer Projektion zusammenhängen. Weil er sie bekämpfen will, wird diese Seite auch bedrohlich. Weil er sich vor ihr zurückzieht, verfolgt sie ihn.

Also bildet sich der Don Juan das alles nur ein? Es wäre schön, wenn sich die seelischen Kräfte so einfach aufschlüsseln ließen, die hinter seinem Verhalten stehen. Aber die Situation ist komplizierter. Die Frau ist kein wehrloser Gegenstand männlicher Projektion, sondern sie spielt ihr eigenes Spiel, das sich mit den männlichen Rollen kreuzt. Viele Männer, die in Siegerpose eine Frau erobert haben und nun ihre Stärke und Aktivität darüber beweisen wollen, daß sie ihre Wünsche allesamt erfüllen, finden sich in der undankbaren Situation des Herkules vor der Hydra. Für jeden Anspruch, dem sie es recht machen, wachsen zwei neue nach, die schwerer zu befriedigen sind. Das Haus ist gekauft, der Urlaub finanziert, die Kinder sind beschenkt, die Sexualpflichten absolviert – «ich verstehe nicht, was du noch alles willst! Man kann es euch Frauen einfach nicht recht machen!»

Der arme Fischer, der die unersättlichen Wünsche seiner Frau zu dem schier allmächtigen, schließlich aber doch ungeduldigen Butt trägt, riskiert immerhin etwas, das Don Juan meidet – aber ist er zufriedener? Bestätigt er nicht Don Juan darin, daß man besser rechtzeitig das Weite sucht, ehe die Ansprüche überhand nehmen?

Über Stärke und Schwäche

> Die Frauen lassen? Du Wahnsinniger!
> Weißt du nicht, daß sie für mich
> wichtiger sind als das Brot, das ich esse,
> als die Luft, die ich atme?
>
> (Don Giovanni / Leporello II/1)

Don Giovanni ist ein erfolgreicher Mann. Erfolgreiche Männer sind stark. Wer tausend Frauen verführen und verlassen kann, ist tausendmal besser als eine Frau. Aber heißt das nicht auch: wenn er es nicht tut, wenn er sich mit nur einer begnügt, ist er tausendmal schlechter als eine Frau? Irgend etwas ist mit Stärke und Schwäche aus dem Gleichgewicht. Um Don Juan zu verstehen, müssen wir von so paradoxen Situationen sprechen wie der Schwäche, die sich darin ausdrückt, daß ein Mann nur stark sein kann, der Stärke, die im Mut zur Abhängigkeit steckt, von der Macht der Ohnmacht.

Der erfolgreiche Mann erinnert mich manchmal an die autogerechte Stadt: er hat so gut gelernt, reibungslos zu funktionieren, allen technisch definierbaren Maßstäben gerecht zu werden, daß er Passivität als Nutzlosigkeit, Gefühle als Verschwendung empfinden muß. Die Helden Homers weinten häufig und fielen bei den kleinsten Verletzungen in Ohnmacht. Die bürgerliche Gefühlskontrolle hat einen Männertypus geschaffen, der nach außen wie nach innen aggressiv ist: nach außen in der Leistungskonkurrenz, im Streben, mit zusammengebissenen Zähnen der Schnellste, Erste,

Beste zu sein; nach innen in seiner kämpferischen Ablehnung von allem, was nach Schwäche, Passivität, «innerem Schweinehund» aussieht.

Diese mit Aggression durchmischte Angst vor Passivität und kindlicher Abhängigkeit ist es, die dem Unterleib der Sirene, der Sphinx die gefährlichen Krallen gibt. Sie ist es, die meinen Klienten Hans antreibt, immer angespannter und ungeduldiger zu werden, wenn er mit der Frau zusammenbleibt, die er eben liebevoll erobert hat. Denn gerade weil der Mann häufig verlernt hat – verlernen mußte, denn auch er war einmal ein Kind, das diese Kunst unbefangen und vollkommen beherrschte –, in einem zyklischen Wechsel von Leistung und Ruhe, Anspannung und Passivität, Streicheln und Gestreicheltwerden zu leben, sind seine passiven Bedürfnisse primitiv geblieben, tierisch sozusagen (daher der «Schweinehund»), gestaltlos und gefährlich. Sie bedrohen seine angespannte männliche Identität wie eine Stecknadel einen Luftballon. Er muß die Bindung, die er zu der noch nicht eroberten Frau verspürt, in dem Augenblick durchtrennen, in dem sie gegenseitig werden könnte: denn dann, so fürchtet er, wäre sie so unzertrennlich wie die Nabelschnur für das Ungeborene.

Don Juan ist ein Workoholic der Liebe, ein Arbeitssüchtiger in der erotischen Welt. Er drückt den Verlust einer Unschuld aus, die den Kindern aller Menschen gemeinsam ist, welche von den Erwachsenen aber nur die sogenannten «Primitiven» behalten, denen unsere asketischen wie unsere Konsumzwänge fremd bleiben. Als Gegenpol zum «edlen Wilden», den da Pontes Zeitgenosse Rousseau ersann, ist Don Juan der unedle Wilde im Kostüm eines edlen Herrn, den bürgerliche Autoren für ein bürgerliches Publikum auf die Bühne stellen. Don Juan sucht mit den Mitteln des Zwanges, der Leistungssteigerung das verlorene Paradies der selbstvergessenen Erotik, des unschuldigen Genusses, der noch gar nicht weiß, daß er Genuß ist, sondern einfach genießt. Daher ist in den dramatischen Fassungen, die sich am stärksten einprägen, auch der Gegensatz zwischen Herr und Knecht so wichtig. Leporello ist wie ein heranwachsender Sohn, der Don Juan bald hilflos kopieren will, bald ihm Moralpredigten hält. Er zeigt seine Schwächen offen, aber es sind eher verachtungswürdige als liebenswürdige Schwächen. Wie er nach seinem Herrn schielt, an seinen Platz kommen, aber nicht sein Risiko teilen will, ist er auch ein Rebell, der sich – laut Erich Fromm – vom echten Revolutionär dadurch unterscheidet, daß er nicht die Verhältnisse ändern, sondern nur sich selbst an die Stelle des bisherigen Herrn setzen möchte. Die Frage ist nur: gibt es echte Revolutionäre? Sind unsere bisherigen Vorstellungen über eine Revolution nicht Ausdruck derselben bürgerlichen Größenvorstellungen, die sie bekämpfen?

Über Fragmentierung

Obwohl ich außer einigen überdurchschnittlich gut verkauften Büchern bisher noch keine besonderen Leistungen vollbracht habe, kenne ich sie schon, die Frage an den Autor: «Jetzt habe ich Ihr Werk kennen und schätzen gelernt – wie aber sind Sie als Mensch?» Wer sie mir, bittend oder fordernd, mit dem halbbeleidigten Gesichtsausdruck dessen stellt, der ohnedies mit einer Enttäuschung rechnet, wird entdecken, daß ich seinem Blick ausweiche und nach dem Notausgang schiele. Wie ist Boris Becker als Mensch? Wie war Einstein? Wie Marilyn Monroe oder Bert Brecht?

Es gibt Antworten auf diese Frage, triviale und komplizierte. «Ich bin ein Mensch wie alle anderen auch?» Eben nicht, sonst würde ich das doch gar nicht gefragt haben. «Mein Werk ist das beste an mir?» Auch verkehrt, denn dann wäre der Fragesteller doch schon zufriedengestellt. Das gut geschriebene Buch, das vorzügliche Spiel an der Grundlinie, die wissenschaftliche Entdeckung, sie genügen nicht. Es geht um das bürgerliche Ideal des allseits gebildeten Menschen. Man hat die Schokoladenseite gesehen. Aber jetzt hat man den Wundermann, die Wunderfrau persönlich vor sich. Wird der Rest so gut sein wie das, was man schon kennt? Ach, man weiß ja schon, er wird es nicht sein. Eigentlich hofft man es auch, denn in jeder idealisierenden Bewunderung steckt ein Samenkorn von Neid. Der Fragesteller erlebt die bewunderte Leistung als Fragment, das vom

Menschen abgespalten werden kann: als ob dann noch ein ganzer Mensch übrigbliebe, nach dem zu fragen sinnvoll ist. Don Juan fragmentiert die Frau und erbeutet das Bruchstück «sexuelle Eroberung». Viele Frauen fragmentieren sich selbst: «Du willst nur mit mir schlafen, als Mensch interessiere ich dich nicht!»

Wie ist Don Juan als Mensch? Der Zusammenhang zwischen der allgemeinen Fragmentierung und unserem Thema liegt darin, daß die Abwendung von den eroberten Frauen und die Suche nach den noch nicht eroberten darauf hinweisen, daß Don Juan sich durch seine Flucht eben dieser Frage entzieht. Er ist ein Spezialist mit einer Spitzenleistung auf einem Gebiet – Frauen erobern –, der nur durch sein Vermeidungsverhalten verhindern kann, daß auch andere Seiten an ihm deutlich werden. Wenn ich so abweisend werde, sobald mich jemand «als Mensch» kennenlernen will, der meine Arbeiten bewundert, so steckt dahinter vielleicht der vorher beschriebene Sirenen-Effekt. Ich projiziere in den neugierigen Bewunderer eine aggressive, neidische Suche nach meinen Fehlern, die mit meiner eigenen Unzufriedenheit zusammenhängt. Doch habe ich auch realistische Gründe, Aggression zu erwarten. Wer mehr Erfolg hat, kann nicht damit rechnen, daß ihn die lieben, die weniger Erfolg haben.

Nun wird der Liebe die Kraft zugeschrieben, mit solchen unangenehmen Seiten von Leistung, Erfolg und Rivalität fertig zu werden. Aber Don Juan zeigt uns, daß dieser Schutz, den die Liebe gewährt, unvollkommen ist und sich in sein Gegenteil verkehren kann. Indem er die Liebe zur Leistung macht, mischt er die beiden höchsten Werte unserer europäischen Lebenspraxis und verdirbt beide. Es ist wie in jenem Alptraum, in dem wir endlich Schutz vor dem bedrohlichen Ungeheuer gefunden haben, das uns verfolgt: in der Höhle eines noch gefährlicheren Drachen. Statt die Erotik zu einem Raum zu machen, in dem der ganze Mensch sich in dem entfaltet, was ihn zum Ganzen macht – seinem Gefühl –, wird sie erobert, kolonisiert, kartographisch erfaßt, in Provinzen eingeteilt und verwaltet. Der Körper wird in erotischen Zonen vermessen, ein Orgasmus-Register angelegt wie nur je ein Leporello-Album.

Hans erlebte seine vergebliche Suche nach der «richtigen» Frau als Puzzle-Spiel. An jeder neuen Geliebten fesselte ihn etwas, das die alte nicht hatte. Es ist nicht immer nur der Reiz der Neuheit, sondern oft die Suche nach einem Idealbild, das freilich nie konkrete Gestalt annehmen kann, sondern diese nur als Folger vieler verschiedener Bilder gewinnt, wie die aufeinanderkopierten Fotografien Galtons, die Gesichter verblüffender (und langweiliger) Ebenmäßigkeit entstehen lassen. Und wir wissen es schon, den künftigen Frauen werden die Vorzüge der vergangenen fehlen, wie den vergangenen die der künftigen. Dieses Puzzle kann schlicht sein wie bei jenem Vertreter, der mir einmal erzählte, er müsse immer abwechselnd Frauen mit großem Busen und wieder welche mit schlanker Taille lieben – bei jeder fehle ihm nach einiger Zeit das Attribut der anderen, und er fühle sich enttäuscht. Aber wer hat noch nie die Klage gehört, daß es ein Jammer sei, mit A gut reden zu können, während es mit B im Bett so gut klappe – aber daß wieder beides nicht zusammengehe?

Der Don Juan von heute hat immerhin die Möglichkeit, in den sogenannten «Herrenmagazinen» Idealbilder sexueller Träume Revue passieren zu lassen; keine davon gehört ihm rundum, aber dafür kann er jederzeit umblättern, was weitaus bequemer ist als Eroberungszüge bei Nacht und Regen, von den Schwertern erbitterter Väter und den Musketen erboster Bräutigame bedroht.

Wie gefährlich die Fragmentierung ist, sehen wir heute allenthalben. Unsere Neuerungen werden durch diesen Mechanismus in unserer Phantasie zu einem Gewinn ohne Verlust. Erst nachher sehen wir, daß die Verluste viel schlimmer sind als der Gewinn. Die autogerechte Stadt habe ich schon erwähnt; aber fast überall, wo sich ein Mensch liebevoll und gründlich mit einer Sache beschäftigt, wird er solche verhängnisvollen Entwicklungen entdecken. Keine durch Chemie und Technik erzielte Bequemlichkeit kann uns für vergiftete Flüsse und tote Wälder entschädigen.

Das Ende des Übeltäters

Questo è il fin di chi fa mal
(Da Ponte / Mozart, Don Giovanni, letzte Szene)

Wie die Geschichte des Don Giovanni der Oper, des Don Juan der Bühne ausgegangen ist, wissen wir. Weil das Ende des rastlosen Verführers von Mozart und Da Ponte so naiv und beschönigend kommentiert wird, haben viele Bearbeiter der Oper die letzte Szene weggelassen. Oktavio und Anna, Masetto und Zerlina kündigen ihre Hochzeit an, Leporello geht in die Gastwirtschaft und Elvira ins Kloster. Die Vorstellung, daß irgendwann mit solchen Konflikten aufgeräumt werden kann, war wohl schon damals eher ein Zugeständnis an das Publikum als eine Überzeugung der Autoren. Heute können wir vollends nicht mehr glauben, daß Don Juan in der Versenkung verschwindet und nicht wiederkommt – eher wird er neue Formen seines Spiels entdecken. Die Geschichte meines Klienten Hans will ich hier zu Ende erzählen, soweit sie mir bekannt ist. Sie kann vielleicht zeigen, wie eine solche Problematik auf dem gesellschaftlich vorgegebenen Nährboden entsteht, den ich bisher beschrieben habe.

Hans wuchs, wie viele Kinder nach dem Krieg, allein mit der Mutter auf. Sein Vater war gefallen. Die Mutter idealisierte ihn sehr, erzählte nur das beste von ihm, und ließ sich mit keinem Mann mehr ein. Der Vater war schlechthin vollkommen, erfolgreich, sportlich, liebevoll gewesen. Hans strengte sich ungeheuer an, dieses Vorbild zu erreichen. Gleichzeitig war es für ihn sehr schwierig, mit seinen eigenen Schwächen umzugehen: die Auseinandersetzung mit einem realen Mann fehlte. Männlichkeit gab es nur in den Phantasien von Mutter und Großmutter.

Man könnte deuten, daß er in den Frauen die eigene, männliche Ganzheit suchte. Sein Bild eines Mannes war ebenso abstrakt, körperlos, wie er die Bilder der Frauen hielt, die er eroberte und wieder verließ. Keine gab ihm das, was er gebraucht hätte, aber nicht finden durfte, weil es allem widersprach, was er bisher als gut und richtig eingeschätzt hatte. Er blieb an eine männliche Größenvorstellung gefesselt, die sich im Alltagskontakt mit einem liebevollen Vater vielleicht abgebaut hätte. Wer an eine solche Phantasie von Omnipotenz und Grandiosität gebunden ist, muß immer fürchten, in Ohnmacht und Bedeutungslosigkeit zu versinken, wenn er nicht ständig auf der Hut ist und sich die eigene Macht in immer wiederholter phallischer Eroberung bestätigt.

Zudem erlebt ein Kind, das allein von einem Elternteil erzogen wird, die Gefahren der Ambivalenz viel heftiger. Es gibt keine wechselnden Bündnisse, wo ein Elternteil übrigbleibt, wenn man den anderen haßt. Haß und Wut, wie sie aus den unweigerlichen Enttäuschungen der Kindheit entstehen, müssen intensiv überwacht werden, weil sie die einzige, lebenswichtige Beziehung gefährden. Sicher ist auch eine Mutter, die in der Erziehung alleine ist, weniger belastbar und deshalb ein ungeeigneter Partner, den realitätsgerechten Umgang mit Verweigerung, Abgrenzung, mit negativen Gefühlen wie Zorn und Ärger zu erproben.

Die Begegnung mit dieser dunklen Seite seiner Mutterbeziehung hatte Hans bisher dadurch abgewehrt, daß er zwischen «Mädchen» (die erobert und verlassen wurden) und «Frauen» unterschied (mit denen er platonische Beziehungen unterhielt, die längere Zeit bestanden). Nachdem wir die hier kurz zusammengefaßten Gesichtspunkte gefunden und auch viel über seine Beziehung zu mir gesprochen hatten (wie schwer fiel es ihm, sich und mir zu gestehen, daß er viel brillantere Leistungen von mir erwartet hatte!), versuchte Hans zum erstenmal, mit einem Mädchen zusammenzuleben wie mit einer Frau – sich innerhalb der Beziehung anzunähern und sich zurückzuziehen, ja und nein zu sagen. «Am Anfang der Analyse habe ich gedacht, Sie spinnen, wenn Sie sagten, ich hätte Angst vor Frauen. Aber jetzt merke ich es oft ganz deutlich, wie ich weglaufen will. Dann kehre ich um und rede mit Anna drüber. Und, was ich nie geglaubt hätte, sie versteht mich!»

Don Juan auf der Couch? Wer sich den Drohungen des steinernen Gastes widersetzt, wird nicht vor den Deutungen des Analytikers kapitulieren. Hans kam nicht wegen seiner donjuanesken Lebensweise in die Analyse. Und er war bereit, über sich selbst nachzudenken, was zumindest dem Don Giovanni der Oper fernliegt. Ich habe diese Fallgeschichte hier deshalb zu Ende erzählt, weil ich die ganze Vielfalt der Situation zeigen wollte, nicht weil ich behaupte, wir könnten mit unseren psychologischen Mitteln den Don Juan heilen. Im Gegenteil: während wir dem einzelnen Betroffenen vielleicht nützen, greift um sich, wofür Don Juan steht: die Rastlosigkeit, der blinde Glaube in Stärke, in die Wiederholung eines Musters von Machtausübung und Kontrollzwang, die trotz ihrer so oft zerstörerischen Folgen immer unentbehrlicher zu werden scheinen.

Don Juan zeigt uns deutlich die verhängnisvollen Folgen, wenn wir die ganzheitliche, schwer faßbare Qualität einer Beziehung durch die leichter zähl- und meßbare Quantität ersetzen. Er könnte uns warnen, Waren über unser Leben bestimmen zu lassen, sexuelle Beziehungen als Geschäft zu sehen, wo der am besten fährt, der am wenigsten riskiert und es ängstlich vermeidet, mehr zu investieren, als er herausholt. Wie sehr sein Vorbild in der Konsumgesellschaft wirkt, zeigt ein Schlager, der mir aus den fünfziger Jahren im Gedächtnis geblieben ist: «Heute blond, morgen braun, jeder denkt, der hat Fraun ...» Tatsächlich ist es immer dieselbe Frau, die sich verschieden maskiert, um das Ansehen ihres Freundes zu steigern und dennoch die Treue zu bewahren. So ist der Don Juan des 20. Jahrhunderts in einen Maskenball verstrickt, in dem die Frau seine geheime Verbündete ist und nur noch die Außenstehenden an seine Unwiderstehlichkeit glauben.

10. No nature – no future?

Die seelischen Folgen des Naturverlusts

Als sich die Teilnehmer der Tagung «Ökologie und Psychotherapie» in einer Selbsterfahrungsgruppe nach den psychologischen Folgen der Verluste an natürlicher Umwelt fragten, tauchten auch die Kartoffeläcker und Auwälder meiner Kindheit in Niederbayern vor mir auf. Wir waren uns einig, daß die Möglichkeit, sich in der freien, nicht von Abgasen und Verkehr belasteten Landschaft zu bewegen, für ein Kind ganz wesentliche Rückzugsmöglichkeiten und Freiräume erschließt. Jeder kannte Plätze, die in seiner Kindheit noch Spielwildnis waren, Ruinengrundstücke, verwahrloste Gärten, mäandernde Bäche – und erinnerte sich an die schmerzlichen Gefühle, die mit dem Verlust dieser (relativ) naturbelassenen Kindheitsräume verbunden waren.

«Wenn es Streit mit meiner Mutter gab, bin ich einfach in den Wald gegangen und stundenlang gewandert. Dann ging es mir wieder besser.» «Wir konnten in fünf Minuten am Bach sein, Stauwerke bauen oder schauen, ob Gründlinge unter den flachen Mergelplatten saßen. Jeden Nachmittag waren wir dort. Ich weiß gar nicht, wie es ohne diesen Bach gewesen wäre! Heute ist es eine Zementrinne.» «Ich lag oft einen halben Tag unter den hohen Bäumen und schaute, wie sich die Zweige bewegten und die Wolken vorbeizogen. Dann fiel alles von mir ab, von der Schule und von zu Hause, was mich belastete.» Solche Äußerungen drücken Erfahrungen aus, die man kompensatorisch nennen könnte. Die naturbelassenen Lebensräume mit ihrem zugleich vielfältigen und beschaulichen Reizangebot erlauben es dem Kind, Mängel seiner Bezugspersonen auszugleichen, sein seelisches Gleichgewicht wiederzufinden. Die Verschmelzung mit den «freundlichen Weiten» der Landschaft hat der Psychoanalytiker Michael Balint als Merkmal einer emotionalen Grundeinstellung beschrieben, die er philobatisch («gehfreudig») nannte.

Die Folgen des Verlustes solcher freundlichen Weiten, wie ihn die Zersiedlung der Landschaft und das Leben in den Betonschachteln unseres naturblinden und profitgeilen Städtebaus mit sich bringt, sind wenig erforscht. Pauschalaussagen müssen kritisch betrachtet werden, da sie beispielsweise vernachlässigen, welche kompensatorischen Möglichkeiten in den Eltern- und Geschwisterbeziehungen und in der größeren Mobilität der Bewohner z. B. von Trabantenstädten stecken. Aber solche Einschränkungen vorausgesetzt, lassen sich doch einige Zusammenhänge vermuten.

Vandalismus

Wenn die natürliche Umwelt auf den Menschen wirkt wie jene Heilmittel, die schädliche Stoffe an sich binden und neutralisieren, müssen sich in extrem zerstörten und zubetonierten Landschaften Hinweise auf ein Versagen dieser entlastenden Einflüsse finden. Wenn ein gekränktes, enttäuschtes, durch mangelnde Einfühlung der Eltern belastetes Kind nicht in einen naturnah belassenen Raum ausweichen kann, sondern in verkehrs- und zweckorientierten Räumen festgehalten ist, muß sich die gestaute Wut nach außen entladen. Nach einem Germanenstamm, der im Jahr 455 nach Christus Teile Westeuropas verwüstete, werden die solchen Zwecken dienenden Aktionen «Vandalismus» genannt.

Wenn Kinder oder Jugendliche Parkbänke demolieren, Telefonzellen zertrümmern, Grabsteine umwerfen oder Scheiben einschlagen, wäre es natürlich voreilig, diese Taten allein dem Verlust naturbelassener Lebensräume zuzuschreiben. Aber andrerseits ist nicht zu leugnen, daß solche Formen zerstörerischen Verhaltens in Großstädten erheblich häufiger auffallen als auf dem Land. Sie häufen sich dort besonders, wo die Umweltbedingungen trostlos und die zwischenmenschlichen Bindungen auf ein Minimum reduziert sind.

Amerikanische Sozialpsychologen haben beispielsweise in New York und in einer kalifornischen Mittelstadt (Palo Alto) jeweils ein Auto mit abmontierten Nummernschildern und geöffneter Motorhaube an den Straßenrand gestellt. Dann wurde sorgfältig aus einem Versteck beobachtet, was passierte. In New York dauerte es nur zehn Minuten, bis die ersten Plünderer erschienen, das Handschuhfach leerten, die Batterie ausbauten und den Kühler abmontierten. Kaum waren sie fort, kam ein zweiter Wagen, dessen Fahrer mit Hilfe seines Wagenhebers die Reifen entfernte und mitnahm. Bis zum Tagesende hatte ein Strom von Vandalen alles geplündert, was nutzbar war. Am nächsten Tag hielten die Passanten nur mehr an, um einen Reifen aufzuschlitzen, die Fenster einzuwerfen oder an die Tür zu urinieren. In drei Tagen war aus dem fahrbaren Untersatz ein unbrauchbarer Metallhaufen geworden. Die Situation in Palo Alto war ganz anders: Es gab keine Plünderer, das Auto blieb unbeschädigt, obwohl es eine ganze Woche seinem Schicksal überlassen wurde. Ein Mann, der im Regen vorbeikam, drückte sogar die Motorhaube zu.

Andere Beobachtungen bestätigen solche Vergleiche zwischen den Metropolen und eher «gewachsenen», naturnäheren Lebensräumen. So gibt es pro Jahr in Manhattan Island, dem Zentrum von New York, mehr Morde als in England und Wales zusammen, obwohl dort fast 30mal so viele Menschen wohnen. Mehr als die Hälfte der Menschen dort fühlen sich dauernd unsicher und sind laut Befragungen der Ansicht, daß ihre Gemeinde kein geeigneter Ort sei, Kinder aufzuziehen. In den offeneren, mit Gärten und Parks durchsetzten Siedlungsgebieten der Vorstädte sind nur 5 Prozent der Bevölkerung dieser Meinung.

Apathie

Die Entfremdung von einem natürlichen Lebensraum wird in der Regel durch die Massenmedien kompensiert. Weite Landschaft, wilde Tiere, die Fahrt durch den Dschungel sind zugleich faszinierende und entlastende Bilder. Aber die Mischung aus Großstadt-Anonymität und Gewohnheitskonsum der optischen Massenmedien führt zu einer bedrohlichen, oft mitleidlos wirkenden sozialen Gleichgültigkeit. So wurden nach einem Bericht der New York Times von 1964 38 angesehene, gesetzestreue Bürger Zeugen des Mordes an einer jungen Frau. Keiner griff ein, als der Mörder Kitty Genovese insgesamt dreimal angriff und mit Messerstichen – zuletzt tödlich – verletzte. Nicht ein Zeuge rief die Polizei an. In einem anderen Fall wurde ein 18jähriges Mädchen in einem Büro geschlagen, gewürgt, ausgezogen und vergewaltigt. Sie konnte sich von dem Angreifer losreißen und fliehen. Nackt und blutend rannte sie bis zum Eingang und schrie um Hilfe. Eine Menschenmenge von 40 Personen versammelte sich auf der Straße und beobachtete wie in einem Film, wie der Gewalttäter die Frau zurückschleppte. In vielen Fällen wird auch ein drohender Selbstmord zur Show: «Spring doch!» rufen die Passanten dem Opfer zu, als wäre er ein Schauspieler, der Lampenfieber hat.

Ist genügend freier, angenehmer Raum um die Menschen, wird der Mitmensch viel eher positiv erlebt, mit Aufmerksamkeit bedacht und notfalls unterstützt. Unter gedrängten, allein auf ihre Zweckmäßigkeit für ein profitorientiertes Wirtschaftsleben hin geplanten Lebensbedingungen wird der Mitmensch ignoriert oder als Feind behandelt, der sich vordrängen, den Platz in den öffentlichen Verkehrsmitteln streitig machen will.

In einer Großstadt wird heute alles, was stillsteht, abgeschleppt oder angerempelt. Dabei ist die Vorherrschaft der Maschinen – in der Regel der Autos – über die Menschen besonders destruktiv. Sie führt zu einer Auflösung städtischer Zusammenhänge, wie man sie in südlichen Ländern noch vorfindet, z. B. in arabischen Altstädten. Die Straße ist dort – für den Autoverkehr zu eng – noch ein Lebensraum für alle, in dem Kontakte so verbindlich oder locker sein können, wie es jeder für sich wünscht. Das führt zu Gefühlen der Nachbarschaft, des Vertrauens. – Man kennt die Händler, die Kinder, die Eltern, spricht gelegentlich einige Sätze, kann aber auch nur mit einem Gruß vorbeigehen.

Die amerikanische Sozialpsychologin Jane Jacobs hat beschrieben, wie solche informellen, gewachsenen Beziehungsstrukturen mit öffentlichen Plätzen und vielen Gehsteigen dazu führen, daß Kinder problemlos aufwachsen, während nur wenige Straßen weiter, in einer bereits vom Autoverkehr dezimierten und rationalisierten Straßenwelt die Kinder destruktiv handelten. Sie bespritzten z. B. aus einem Hydranten vorbeifahrende Autos und wurden von niemandem zur Rede gestellt, weil es anonyme Kinder waren, die keiner kannte. Die belästigten Erwachsenen konnten auf keinen sozialen Rückhalt bei vertrauten Nachbarn rechnen. Ein Abenteuerspielplatz mit einem festangestellten Sozialpädagogen oder ein Jugendzentrum mit Tischtennisraum ist für solche informellen, nachbarschaftlichen Lebensformen nur ein sehr notdürftiger Ersatz.

No future

Wenn ein Punk den Spruch «no future» an eine Wand sprüht, wird ihn der nächste Passant wohl kopfschüttelnd lesen. So primitiv und undifferenziert urteilt die Jugend heute! Allerdings könnte der Punk (was natürlich seiner eigenen Orientierung sehr widerspräche) durchaus auf sehr differenzierte Denker hinweisen, die zu ähnlichen Ergebnissen gekommen sind – etwa auf Günther Anders, der in seinem Buch über die «Antiquiertheit des Menschen» den Mangel zukunftsorientierter Utopie angesichts der unvorstellbaren Möglichkeiten der Massenvernichtung beschreibt.

Ich will hier abschließend noch eine Hypothese wagen, die vielleicht das Verhalten des Punks verständlicher machen kann, obwohl sie nicht viel Trost bietet. Sie lautet: Die Möglichkeit, sich eine lebensfähige Zukunft überhaupt vorzustellen, hängt eng mit dem Erlebnis der Anteilnahme an einer naturbelassenen Umwelt zusammen. Unsere rationalen Zweifel am Fortbestand der Industriegesellschaften sind nur allzugut begründet. Dennoch haben viele Menschen, die Günther Anders' Skepsis teilen, keineswegs resigniert. Sie werden von einem emotionalen Optimismus getragen, der ihren rationalen Zweifeln hinsichtlich unserer Überlebenschancen ohne eine (wirkliche, nicht rhetorische) Wende widerspricht. Die Zukunftslosigkeit vieler Jugendlicher ist demgegenüber emotional bestimmt. Zu einer rationalen Analyse ihrer Ursachen raffen sie sich gar nicht mehr auf. An die Stelle der Utopie einer möglichen Revolution ist das tägliche Sich-Durchschlagen, zum Teil mit Rückgriff auf faschistische Symbole getreten. Ich sehe in dieser Entwicklung eine Folge des Verlusts (relativ) natürlicher Lebensbedingungen. Denn das naturnahe Leben lehrt, in kreisförmigen Abläufen zu denken, nicht in einem linearen Fortschritts- und Zukunftsglauben (oder in seinem Gegenteil). Das Gefühl der Zukunftslosigkeit wird dort überhandnehmen, wo nicht das Pflanzen, Wachsen, Blühen und die winterliche Ruhe des Apfelbäumchens emotional wichtiger sein können als der drohende Weltuntergang.

11. Über den Mißbrauch der Gefühle in der Politik

Als mir Horst Stern vorschlug, doch etwas über die Hintergründe des von Politikern so gern als Schimpfwort verwendeten Klischees der «emotionalen Argumente» zu schreiben, fiel mir wenig zu diesem Thema ein. Ich hatte mich damit abgefunden, daß ich als Psychoanalytiker in einer gesellschaftlichen Nische arbeite, in der man Gefühle ernst nimmt, während sie in Industriemanagement und Politik nur stören. Aber ich fing doch an, Diskussionen unter diesem Gesichtspunkt zu betrachten. Als es im Fernsehen wieder einmal um das Waldsterben und die längst überfällige Geschwindigkeitsbeschränkung für Autos ging, fand ich endlich einen Ausgangspunkt. Da sagte der Opel-Manager zusammenfassend: Bisher ist hier nur emotional argumentiert worden. Damit meinte er das, was seine Kontrahenten gesagt hatten. Dann fing er an, rational zu argumentieren. Wer könne den 8000 Arbeitslosen, die allein in der Reifenindustrie durch den Verzicht auf Höchstgeschwindigkeiten anfallen, in die Augen schauen?

Das war also für den Opel-Manager kein emotionales Argument, überlegte ich. Sollte es so sein, daß immer die Argumente, die einem selber unangenehme Gefühle machen, als «emotionale» bezeichnet und dadurch abgewehrt werden, während die Gründe für die eigene Meinung, da beruhigend, als «rational» gelten? So kam ich dazu, zwischen offen emotionalen und verdeckt emotionalen Argumenten zu unterscheiden. Und ich entdeckte, daß immer dann, wenn jemand gegen die für ihn emotionalen Argumente eines Gegners mit diesem Wort vorgeht, er keineswegs rational argumentiert, sondern pseudorational, d. h. verdeckt emotional. Wer wirklich vernünftige Argumente hat, wird niemals die Notwendigkeit verspüren, gegen Gefühle anzukämpfen oder diese schlechtzumachen. Zu genau weiß er, daß eine Sicht der Welt, die Emotionen verteufelt, zutiefst unvernünftig ist.

Die Pseudovernunft entsteht dann, wenn die Wahrnehmung unerwünschter Wirklichkeiten ausgeblendet werden muß. Weil sie bemerkt, daß sie einer Kritik nicht standhält, errichtet sie einen Wall von Feindbildern. Gleichzeitig neigt sie dazu, sich den leutseligen Anstrich zu geben, doch sofort zu jeder vernünftigen Einsicht bereit zu sein, wenn nur endlich, bitte schön, die richtigen Argumente, die überzeugenden Untersuchungen, die schlüssigen Beweise vorlägen. Daher sind Wissenschaftler, die sich ausschließlich als Spezialisten verstehen, auch so leicht in den Dienst der Pseudovernunft zu stellen: Jederzeit bestätigen sie die Notwendigkeit weiterer Forschung und rechtfertigen es, Entscheidungen aufzuschieben.

In den Debatten um das Tempolimit konnte ich wahre Purzelbäume der Pseudovernunft beobachten. Sie reichen von der Vermutung des Feuilleton-Redakteurs der ZEIT, Rudolf W. Leonhardt, wer (wie er mit seinem Sportwagen) schneller und damit kürzere Zeit auf der Autobahn fahre, verpeste die Luft doch weniger als die Langsamfahrer, bis zu Verkehrsministers Ausführungen, man wisse doch noch gar nicht genau, ob nicht großvolumige Motoren mit Tempo 140 weniger Abgase produzieren als bei Tempo 100. Gleichzeitig weiß Dollinger genau, daß hinter dem Ruf nach dem Tempolimit «Emotionen» stehen, nämlich der Neid von Kleinwagenbesitzern auf die bayerischen oder württemberger Straßenkreuzer. Sicherlich könnte jeder Hauptschüler, der im Physikunterricht aufgepaßt hat, die hohen Herren über die entsprechenden Naturgesetze belehren. Aber ob er nicht angesichts ihrer erhabenen Sicherheit, daß diese Gesetze für sie deshalb nicht gelten, weil sie gerne schnell Auto fahren, als emotionaler Querulant abgestempelt würde? Die Vernunft hat eine leise Stimme, während die Pseudovernunft gerne als Großvernunft auftritt und folgerichtig nach dem Großversuch ruft, um die vernünftigen Entscheidungen noch möglichst lange hinauszuzögern.

Es gibt keine Entscheidung über Ziele und Werte ohne Gefühl. Der Vernunft ist das klar. Sie versucht, möglichst offen über diese Gefühle und die mit ihnen verknüpften Werte zu sprechen. Die

Pseudovernunft versucht, diese Offenheit zu verschleiern, ähnlich wie prominente Politiker die Quellen ihrer Gelder verschleiern. Daher gehört zur Pseudovernunft auch die Unterstellung gefährlicher Gefühle bei allen, die zur Vernunft mahnen. Wer Atomraketen aufstellen will, begründet das meist als einzig vernünftige Antwort auf die unvernünftige, teuflische Drohung einer Gegenseite. Daß seine Pseudovernunft dieser Gegenseite genausoviel Angst macht, wie er selbst hat, bleibt im Dunkeln, denn jede Seite darf nicht über ihre Angst, sondern nur über ihre Großvernunft sprechen. Alle Vorschläge zum Rüstungsabbau, zum Konsumverzicht, zur Verminderung des industriellen Wachstums, zur Priorität für die Natur und das Leben werden daher immer wieder dem Vorwurf begegnen, sie seien emotional. Sie sollten ihn wie ein Ehrenzeichen tragen und nicht mit einer kaltblütigen Großvernunft wetteifern, deren Zukunftsperspektiven so gut sind wie die der Großsaurier vor der Kreidezeit.

In Deutschland hat es sicher auch geschichtliche Gründe, daß es so leicht ist, mit der Warnung vor Emotionen die technokratische, pseudovernünftige Fassade aufzubauen. Uns steckt das Dritte Reich in den Knochen, in dem die Politiker fast ausschließlich mit «emotionalen» Begriffen operierten – Blut, Ehre, Reinheit, völkisch, Vorsehung, Untermenschen, Herrenrasse. Charakteristisch für die Naziherrschaft waren Pseudogefühle, Großgefühle, die viel enger mit der heroischen Großvernunft verwandt sind als mit wirklichen Gefühlen und wirklicher Vernunft. Vor allem durften viele echte Gefühle damals genausowenig leben wie heute unter dem Szepter der Großvernunft: Angst, Mitleid, Einfühlung in alle Lebewesen. Großgefühl und Großvernunft wollen sich weismachen, es ginge auch ohne diese «Schwächen». Diese Überzeugung führt dazu, daß die gegenwärtige Industriegesellschaft ähnlich gefährdet ist wie die faschistischen Regime und daß sie diese Gefahren ähnlich großmäulig verleugnet wie diese.

Jeder Grund zur Panik

Wieder einmal sind Wasserproben giftig, in Berlin, in Hamburg und jüngst in Nürnberg. Die Werte an Schwermetallen oder chlorierten Kohlenwasserstoffen liegen 40mal so hoch, wie es ein tolerantes Gesetz gerade noch zuläßt. Es ist nicht klar, ob die giftigen Proben eine Gefahr für das Trinkwasser anzeigen. Aber «kein Grund zur Panik» ist sicher wie das Amen in der Kirche in den ersten Verlautbarungen der zuständigen Behörden zu finden.

Kein Grund zur Panik, weil wir nicht wissen, ob solche Mengen wirklich gefährlich sind? Wir wissen es längst. Kein Grund zur Panik, weil sich die Folgen leicht unter Kontrolle bringen lassen? O nein, es kostet Betonarbeiten für 50 bis 100 Millionen Mark, das Grundwasser um eine einzige verseuchte Altmülldeponie zu schützen. Keine Baufirma gibt eine Garantie für diesen Schutz, die so langfristig ist wie die Ausdauer der Gifte. Warum kein Grund zur Panik?

Die Panik hat einen schlechten Ruf. Sie wird beschworen wie der Teufel am Blocksberg, gegen den ständig das Weihwasser öffentlicher Beschwichtigungen ausgesprengt werden muß. Tatsächlich steckt ja in unserem bocksbeinigen, gehörnten Teufel auch der alte Gott Pan, von dessen Namen sich die Panik herleitet. Störte man den Gott der Hirten und Herden in seiner Nachmittagsruhe, dann stieß er einen schrecklichen Schrei aus, der jedes Lebewesen in panische Angst versetzte. Heute, da keine Naturgottheit mehr durch ihren Schrei die Störenfriede vertreibt, wird uns selbst das Entsetzen ausgeredet, das nur allzu natürlich ist, wenn wir auch nur einen dieser Berichte auf uns wirken lassen.

Mit Panik verbindet der Zeitungsleser die zerstörerischen Fluchtreaktionen, die bei Bränden in geschlossenen Räumen gefährlicher sein können als das Feuer. An den Ausgängen blockieren sich Trauben von Menschen, weil alle zugleich fliehen wollen. Am Ende gibt es Tote und Verletzte. Die Stärkeren vergessen jede Rücksicht auf die Schwächeren.

Aber kann das giftige Grundwasser eine ähnliche Panik auslösen? Es ist schwer vorstellbar. Warum also werden dann solche Gefühle verurteilt und in den öffentlichen Verlautbarungen bekämpft? Mir scheint, es handelt sich hier um eine perfide Weise, dem Konsumenten der Massenmedien zu vermitteln, daß alles gar nicht schlimm ist, weil es noch viel schlimmer sein könnte. Indem die beamteten Hüter des Gemeinwohls verkünden, es sei kein Grund zur Panik, machen sie uns weis, sie hätten die Situation im Griff und würden – falls wirklich Grund zur Panik wäre – das auch offen sagen. Aber hier wird auch die Augenwischerei in der Phrase von der Panik deutlich. Denn wer glaubt denn noch, daß ein Behördenvertreter uns irgendwann einen Grund zur Panik zubilligen würde?

Indem Zorn und Entsetzen über solche Beschädigungen unserer Umwelt mit dem Wort Panik belegt werden, suggerieren uns die betreffenden Politiker, der Schaden solcher Gefühle sei größer als ihr Nutzen. Sie verleugnen nicht nur die drohende Gefahr, sondern sie versuchen, die Situation umzukehren: Gefährlich ist unsere Panik, nicht etwa das DDT im Grundwasser. Wenn wir nicht besonnen und voller Vertrauen in die Bürokratie bleiben, dann zeigen wir eine Panikreaktion, die nicht nur ungerechtfertigt ist, sondern auch weit abscheulicher als das Verhalten jener Chemiefirmen, die sich viele Jahrzehnte nicht darum gekümmert haben, was mit ihren Markenartikeln in den biologischen Kreisläufen passiert. Wenn ihr Dreck heute im Grundwasser und in der Muttermilch steckt, wenn ihm praktisch niemand mehr entrinnen kann, dann wird der Zwangsverbraucher nicht mehr durch eingetragene Warenzeichen informiert, an wen er sich mit seinen Schadenersatzwünschen wenden soll. Der Schrei des aufgestörten Gottes Pan erreicht die Vorstandsetagen der Verursacher solcher schleichenden Katastrophen nicht. Dort ist man sich des Schadens der Panik am meisten bewußt und nimmt solche Entwicklungen mit einem Gleichmut zur Kenntnis, der vielleicht selbst den abwiegelnden Behördenvertretern gelegentlich zuviel ist.

Von asiatischen Despoten wird berichtet, sie hätten die Boten köpfen lassen, die schlechte Nachrichten brachten. Die Formel: «Kein Grund zur Panik» erfüllt ähnliche Bedürfnisse: Wo die Verantwortlichen ohnmächtig sind (oder es scheinen wollen), versuchen sie wenigstens die Entsetzensschreie zu ersticken. Die Panik wird zitiert, denn der Schrecken steckt uns heute allen in den Knochen. Aber dann wird sie mit Phrasen totgeschlagen, denn ihre Botschaft soll nicht gehört werden, die Radikalität ihrer Forderungen wieder verstummen. Ich wünsche mir, daß der nächste Redner sein «kein Grund zur Panik» wieder hinunterschluckt und entweder schweigt oder ehrlich sagt, wie er selbst es aushält, am Rande des Abgrunds zu leben.

Der kleine Unterschied und der große Haß

«Gott schütze mich vor meinen Freunden – mit meinen Feinden will ich schon fertigwerden!» Dieser Stoßseufzer würde nicht so oft zitiert, wäre an ihm nicht viel Wahres. Wie kommt es, daß sich Gesinnungsfreunde oft wegen kleiner Verschiedenheiten so erbittert bekämpfen? Für den Außenstehenden ist es ein verblüffendes Ereignis, wenn sich zum Beispiel zwei Marxisten wegen eines scheinbar belanglosen Details in die Haare geraten und einander mit einem Zorn verfolgen, der sich sonderbar von der Geduld abhebt, mit der sie die Irrtümer der Antimarxisten aufgreifen und entkräften.

Dieser große Haß aus dem kleinen Unterschied scheint ein Gesetz zu entkräften, das sich in Auseinandersetzungen zwischen Gruppen oft bestätigt. Nichts bekommt dem Zusammenhalt in einer Gruppe, der Zuneigung und Toleranz der Mitglieder besser als ein gemeinsamer Außenfeind. Man sollte doch meinen, daß die marxistischen Gruppen an einer Hochschule, beispielsweise, eng zusammenhalten und ihre Gemeinsamkeiten gegen die träge Mehrheit der Nichtmarxisten verteidigen. Ihre gemeinsame Außenseiterposition müßte sie doch erst recht zusammenschweißen! Aber oft ist das Gegenteil der Fall. Wegen minimaler Unterschiede in der richtigen Auslegung, in den politischen Metaphern (Rotchina oder Kuba?) zerreißen Freundschaften, fallen Beleidigungen, jede Rücksichtnahme verschwindet. Auch der gemeinsame Gegner ist vergessen.

Ähnliche Entwicklungen lassen sich auch in der grünen Szene beobachten. Es ist oft so, als ob die Gegner vergäßen, daß sie schließlich wegen ihrer gemeinsamen Ziele zusammenarbeiten und augenblicklich in einigen Punkten verschiedener Meinung sind. Sie scheinen die Phantasie zu haben, sie müßten jetzt die Welt unter sich aufteilen. Eben entscheide sich, wer das Ganze bekommt. Dieser Vergleich weist darauf hin, daß urtümliche seelische Mechanismen beteiligt sind.

Ein Beispiel sind die Querulanten. Jedem von uns geschieht immer wieder Unrecht. Im allgemeinen muß ich mich dann entscheiden: lohnt es der Mühe, mich zu wehren? Will ich prozessieren, mich herumstreiten, Geld für Anwälte und Gerichte ausgeben, in die Revision gehen? Oder schlucke ich die Ungerechtigkeit, weil mir das auf lange Sicht besser bekommt? Wo das «Alles oder nichts» am Werk ist, kann diese ökonomische Überlegung nicht angestellt werden. Es muß gekämpft werden, denn nicht zu kämpfen hieße eine unerträgliche Niederlage für das eigene Selbstgefühl hinzunehmen.

Vielleicht wird jetzt ein wenig deutlicher, weshalb die Einigung durch die eigene Minderheitenposition, durch die mächtige Gegnerschaft von Profitinteresse, Trägheit und politischer Manipulation bei linken oder grünen Gruppen so oft mißlingt. Denn wenn ich mich von Idealen leiten lasse, die mich in eine Außenseiterposition bringen, wachsen meine Anforderungen an diese Ideale. Meine Intoleranz gegenüber Abweichungen, gegenüber scheinbarem Aufweichen oder andrerseits scheinbar unrealistischen Forderungen nimmt zu. Anders als die satten, konservativen Mehrheiten ist es nämlich das hohe Ideal, das mich aufrechterhält, nicht die materielle Gratifikation oder die öffentliche Geltung.

Ein anderer Einfluß kommt hinzu. Je stärker ich meine Werte narzißtisch besetze, desto öfter muß ich auch meine Kränkung und Wut verarbeiten, daß sie nicht in dieser Form durchgesetzt werden können, daß sich die Gesellschaft, wenn überhaupt, nur ganz langsam verändert. Die Personen, die weitab von meinen Werten sind, muß ich gar nicht beachten. Oft sind sie meiner Kritik nicht zugänglich. Ich kann sie gar nicht erreichen und treffen. Aber meine Gesinnungsfreunde, die ein wenig von meiner Linie abweichen, kann ich treffen. Sie interessieren sich für mich. Sie trifft dann oft ein Haß, der eigentlich einem gemeinsamen Problem zuzuschreiben ist –

nämlich den erschreckend kleinen, so oft unvollständigen Veränderungen, die unsere besten Argumente erreichen.

Mir scheint, daß unsere linke, grüne Alltagskultur viel gewänne, wenn wir es nicht für so überflüssig halten würden, uns in unseren Gemeinsamkeiten zu bestätigen und den guten Willen nicht zu übersehen, wo wir mit einzelnen Äußerungsformen nichts anzufangen wissen. Wer zwischenmenschliche Rücksichtslosigkeit durch seine hohen Ideale rechtfertigt, sollte seine Ideale tiefer legen.

Ernst Bloch fiel zuerst der Gegensatz zwischen «falsch zu den Menschen» und «wahr von den Dingen» reden auf. Das erste tun die politischen Beschwichtiger («seid nett zueinander»), das zweite die sach- und strukturbesessenen Linken, die manchmal den Verzicht von Opium für das Volk mit Zahnziehen ohne örtliche Betäubung gleichzusetzen scheinen. Die bigotte oder faschistische Ausbeutung menschlicher Gefühle hat dazu geführt, daß liebevoller Umgang mit der Verletzlichkeit eines Mitmenschen aus dem Repertoire gerade jener Menschen zu verschwinden droht, die für eine bessere Gesellschaft kämpfen. Nichts ist letztlich irrationaler als die Zurückweisung von gefühlsbestimmten Argumenten. In einer Art Industrialisierung unserer Innenwelt wird durch dieses Vorgehen versucht, erwünschte (eigene) Gefühlswerte als «rational» für allmächtig zu erklären, unerwünschte (fremde) Gefühlswerte hingegen als «emotional» zu diffamieren. Aus Gefühlen handeln beide, der Politiker, der die Argumente gegen Flughäfen und Atomaufbereitungsanlagen «emotional» nennt, und der Umwelt- oder Naturschützer. Nur ihre Ängste sind verschieden: der Politiker fürchtet sich, seine bisherigen Vorstellungen von Wirtschaftsentwicklung und Fortschritt aufzugeben, der Umweltschützer fürchtet, daß es so weitergeht wie bisher. Die Tatsache, daß unter Umweltschützern eher über solche Ängste gesprochen wird, zeigt für mich deutlich, daß sie realistischer (und damit in einem korrekten Sinn rationaler) orientiert sind. Diese Orientierung auch auf den Umgang mit den kleinen Unterschieden im eigenen Umfeld auszudehnen, wäre ein Ideal. Aber hoffentlich keines, das am Ende auch zum Prügel wird, den wir Abweichlern an den Kopf hauen.

Das Rad des Fortschritts

«Das Rad des Fortschritts läßt sich nicht aufhalten.» Mit solchen Merksätzen haben die erfolgsverwöhnten Industriegesellschaften schon immer versucht, Zweifler stumm zu machen. Wer Einwände hat, muß ein Maschinenstürmer sein. Vielleicht sogar einer, der das Rad – die elementarste technische Erfindung nach dem Feuer – abschaffen möchte, weil er es nicht zurückdrehen kann? Gerade diese Eigenschaft aber gibt am meisten Anlaß zu Sorgen. Das Rad des Fortschritts ist nicht frei beweglich. Es hat einen Freilauf nur in einer Richtung, während es in der Gegenrichtung durch eine Sperre blockiert ist, die nur mit großer Mühe wieder überwunden werden kann.

Mit welchen Mitteln können wir zum Beispiel in den biologischen Kreislauf gelangte Mittel der chemischen Industrie (wie DDT oder Weichmacher) wieder loswerden? Ist es nicht viel schwieriger, ein Atomkraftwerk abzureißen als zu bauen? Was uns bitter fehlt ist eine Ökologie der Industriegesellschaft, in der die Wirkungen auf die Umwelt unter genau diesem Gesichtspunkt befragt werden. Lassen sie sich wieder rückgängig machen? Wenn ja, mit welchem Aufwand? Lohnt sich dann die Neuerung – der Fortschritt – insgesamt? Das Kraftwerk in den Auwäldern, die neue Startbahn, die Ortsumgehung?

Der psychologische Beitrag zu dieser Frage muß untersuchen, wie die anscheinend unausrottbare Neigung der Menschen entsteht, geringzuschätzen, was sie haben, zu begehren, was sie nicht haben, und nur aus Schaden klug zu werden. Unsere autogerechten, betonverseuchten Städte sind zum Beispiel so ungemütlich geworden, daß die nicht zubetonierte Landschaft einer Ziegeninsel im Mittelmeer einen Zauber gewinnt, der einfach unwiderstehlich ist. Also muß der Rest des Stadtwalds auch noch abgeholzt werden, um den Flughafen zu erweitern, weil so viele Chartermaschinen auf die Ziegeninsel unterwegs sind. Die Bauern und Fischer auf der Ziegeninsel entdecken, daß Touristen in drei Monaten pro Jahr zehnmal soviel Ertrag bringen wie die Weinberge und das Meer ein ganzes Jahr. Also lassen sie die Weinberge im Stich, bauen Betonschachteln an die Strände, ersetzen den Esel durch den Lieferwagen, den Saumpfad durch die Teerstraße, das Kaminfeuer durch die Zentralheizung.

Die Touristen fangen an zu jammern, weil es nur noch Touristen und Inselbewohner gibt, die an den Touristen verdienen wollen. Die schönen Buchten sind von häßlichen Betonschachteln gefüllt. Wenn jetzt die Touristen auf die noch unberührten Eidechseninseln streben und den Rummel der Ziegeninsel verlassen – kann die dann einfach zurückkehren in die frühere, paradiesische Ruhe? Keineswegs. Die Weinberge sind versteppt, die Arbeit von Jahrhunderten in zehn Wintern Nachlässigkeit zerstört. Von den Jungen weiß kaum einer mehr, wie man das Land bearbeitet, und die Alten, die es taten, sind gestorben.

Schließlich würden die aufwendigen Lebensgewohnheiten der Insulaner eine solche Rückkehr gar nicht mehr zulassen. Wer ein Auto und einen Haushalt mit Kühlschrank und Waschmaschine füttern muß, braucht viel mehr Geld als der Großvater mit seinem Esel und die Großmutter, die ihre Wäsche am Fluß spülte. Also muß die Insel versuchen, durch neue Investitionen die Touristen zurückzugewinnen. Die Sperrklinke hat eingehakt, das Rad des Fortschritts muß sich weiterdrehen, nicht weil die Beteiligten es noch wollen, sondern weil sie müssen. Wenn wir das gewußt hätten!

Warum haben sie es nicht gewußt? An der Intelligenz kann es nicht liegen. Menschen, die in langer Arbeit fähig sind, ein stabiles ökologisches System aufzubauen, können nicht zu dumm sein, um die Folgen von Veränderungen verstandesmäßig einzuschätzen. Vorausgesetzt, sie sind in diese Richtung motiviert. Und gerade da scheint das Problem zu stecken. Wie kann man Menschen bewegen, daß sie nicht leichten Herzens preisgeben, was sie erst später als unersetzlichen Verlust erkennen? Denn dieser Prozeß spielt sich an allen möglichen Orten auf dieser Erde ab, wo Dschungel abgeholzt und in öde Plantagen verwandelt werden, wo Schnellstraßen die Landschaft zerschneiden und hundertjährige Bauernhäuser in den Brandungslärm der Explosionsmotoren tauchen.

Vielleicht ist schon etwas gewonnen, wenn wir uns klarmachen, daß diese Motivation nicht selbstverständlich ist, sondern in harter

Arbeit immer wieder aufgebaut und festgehalten werden muß. Als Psychotherapeut habe ich nicht selten mit Menschen zu tun, die bitter darunter leiden, daß sie jeden Partner, von dem sie geliebt werden wollen, verletzen und schließlich vertreiben, weil sie nicht in der Lage sind, sich den Verlust seiner *ganzen* Person vorzustellen. Sie glauben, wenn sie rücksichtslos gegen die unerwünschten Seiten dieser Person kämpfen, werde sie am Ende vollkommen. Tatsächlich aber ist sie am Ende verloren. Sie sind wieder allein und empfinden eine Trennung sehr schmerzlich, die ihnen vorher als Befreiung von den unerwünschten Seiten des Partners in rosigem Licht erschien.

Nicht unähnlich «befreien» auch Bürgermeister und Stadträte den Lebensraum ihrer Bürger durch Ringstraßen und sechsspurige Stadtautobahnen von den lästigen Stauungen und erkennen endlich ihre Städte nicht wieder.

In den betroffenen Personen wiederholen sich dabei anscheinend ähnliche Vorgänge wie in der ganzen Gesellschaft, die ja ebenfalls die Schattenseiten des Fortschritts verleugnen und abschieben will, wie niemand besser weiß als die Nachbarn fortschrittlicher Großprojekte von A wie Atomkraftwerk bis Z wie Zivilflughafen. Die angeblich demokratische Gesellschaft geht mit diesen Minderheiten um, als seien sie unerwünscht, nicht ernst zu nehmen, und wenn sie zu laut werden, mit allen Mitteln zu bekämpfen. Und ist es ein Zufall, daß immer im Dienst des Fortschritts möglichst schnell Zustände geschaffen werden sollen, die nur mit langer Mühe wieder rückgängig gemacht werden können? Motto: Haben wir den Wald erst gerodet, das Naßbiotop erst aufgefüllt, kriegen wir die Genehmigung leicht – es ist schließlich nichts mehr zu schützen da!

Diese Beispiele weisen aber auch auf mögliche Hilfen. Es genügt nicht, abzuwarten. Wichtig ist, immer wieder solche Situationen vorwegzunehmen und sich möglichst genaue Vorstellungen von den umfassenden Folgen aller Neuerungen zu machen, auf die wir uns einlassen. Je vielversprechender, bequemer, müheloser sie scheinen, desto mehr muß das Mißtrauen ernst genommen werden. Hätten die Trojaner ihrem mißtrauischen Laokoon zugehört, das trojanische Pferd wäre nicht in die Stadt gekommen und diese nicht zerstört worden. Auch damals gab es Leute, die sagten, es sei ein Verbrechen, auf dieses Pferd zu verzichten.

Kosmetik-Vergiftung

Da die säure- und abgasfeste Zimmermannlinde auf sich warten läßt (es sei denn, Bayer oder Hoechst bieten sie aus garantiert unverwüstlichem Kunststoff als Alleebaum), werden wir zusehen müssen, wie ein Teil unserer Wälder stirbt. Dabei erhebt sich die Frage, was mit den Leichen geschehen soll. Die Antwort der Ökonomen ist eindeutig: Abholzen, so rasch es möglich ist. Die unerfreulichen Folgen – sinkende Holzpreise, Absatzschwierigkeiten – müssen in Kauf genommen werden, um noch größere Verluste zu vermeiden. Die Antwort der Forstbiologen wird wohl in eine ähnliche Richtung gehen. Tote Bäume bieten vielleicht Waldschädlingen mehr Unterschlupf, als unsere hochgenutzten Wälder verkraften. Aber da in naturbelassenen Wäldern tote Bäume stehenbleiben dürfen, bis sie in einem Sturm ihr Ende finden, will ich doch versuchen, einen weiteren Gesichtspunkt beizusteuern. Er läuft darauf hinaus, möglichst viele tote Bäume an möglichst auffälligen Plätzen stehenzulassen, möglichst empfindliche (statt unempfindliche) Sorten in die Stadtparks zu pflanzen, kurzum alles zu meiden, was den Todeskampf des Waldes in die rosige Ruhe eines geschminkten Leichnams verwandeln könnte.

Wenn die Säge des Holzfällers zu kosmetischen Zwecken eingesetzt wird, dann unterstützt sie eine ohnedies übermächtige Neigung des Menschen, einfach nicht zu glauben, was er weiß, an dem vorbeizuschauen, was er sieht, und für einen lästigen Quälgeist zu halten, wer ihn auf die bedrohlichen Seiten der Wirklichkeit hinweist. Die Ereignisse während der Judenvernichtung im Hitler-Reich haben hier jedem, der die jüngere Geschichte kennt, zahllose Lehrbeispiele geliefert.

Das Waldsterben ist zum Teil durch eine kosmetische Maßnahme eingeleitet worden. Bekanntlich war der blaue Himmel über der

Ruhr ein Wahlversprechen, das die Industrie nicht durch Giftverminderung, sondern durch Giftverteilung erfüllte. Die hohen Schornsteine führten dazu, daß der Himmel tatsächlich ein wenig blauer wurde. Hätten wir unsere Städte vergiftet und nicht die weitabliegenden Wälder, es wäre eher etwas geschehen. Aber lange Zeit haben sich unsere Politiker verhalten wie Ärzte, die einen Fieberkranken mit Make-up behandeln.

Solche umweltschädliche Kosmetik gibt es an vielen Orten. Der Slogan von der «sauberen Energie» ist ein Beispiel: Strom, der angeblich nicht die Umwelt verschmutzt, weil er ohne Gestank aus der Steckdose kommt. Wenn wir den Wasserhahn aufdrehen, liegt uns der Bauer sicherlich sehr fern, dem der Tiefenbrunnen das Grundwasser abzapft, so daß seine Wiesen vergilben. Ein Freund hat mir einmal eine Phantasie erzählt, die er immer wieder beschwört, wenn er in die Münchener Leopoldstraße mit ihren Autoschlangen und den Bummlern an den Tischen der Straßencafés kommt: Die Autos haben auf einmal keine Karosserie und keinen Schalldämpfer mehr. Es wird allen Menschen schlagartig klar, daß sie zwischen Maschinen leben, die in betäubenden Explosionen Wolken giftiger Gase ausstoßen. Die friedlichen Passanten würden sich in die Nebenstraßen verdrücken, die Gäste der Cafés würden schreiend aufspringen und davonlaufen, Mütter würden ängstlich ihre Babies aus den Kinderwagen raffen und sie vor diesen lebensgefährlichen Maschinen in Sicherheit bringen. Die geschickte Kosmetik unserer Autoindustrie sorgt dafür, daß wir diese Gefahr nicht wahrnehmen – bis wir ihr zum Opfer fallen.

Natürlich sind wir nicht so dumm und blind, daß wir nicht wissen, welche häßlichen Folgen das Innenleben unserer schönen Autos für uns hat. Man muß die Garagentür öffnen, wenn der Motor läuft. Nur Selbstmörder leiten die Abgase unter die kuscheligen Sitze. Aber wir neigen dazu, dieses Wissen zu verleugnen, so zu tun, als ob es nicht vorhanden wäre, wenn die Sonne scheint und das Himbeereis schmeckt. Warum dem Miesmacher zuhören, der auf den leichten Bleischleier über der Schlagsahne hinweist?

Sicher ist es ein harmloses Vergnügen, am Boulevard ein Eis zu essen. Aber vielleicht ist es doch sinnvoll, sich klarzumachen, daß die politische Trägheit, die wirksame Maßnahmen gegen die Luftverschmutzung immer noch blockiert, auch mit dieser Szene zusammenhängt, mit dem sinnlichen Eindruck gezähmter, harmloser Kraft, schöner Formen, weicher Sitze, ausgefeilter Kontrollinstrumente und präzise beherrschter Wirkung.

Alles Lüge – jeder kranke Baum, jedes Unfallkrankenhaus, jeder Schrotthändler liefert Anschauungsmaterial für die sorgsam überschminkten Seiten der Wirklichkeit. Sie zurückzuholen, den Schleier der Umweltkosmetik zu zerreißen, um mehr Druck in Richtung auf Lösungen zu erzeugen, das wäre eine wirksamere Aufklärung als der Appell an Einsicht und das Zeichnen von Abgaskurven, so nützlich beide Maßnahmen sein mögen.

Leider glorifizieren die Massenmedien eher die Kosmetik, als die Masken und Verkleidungen aufzudecken. Ein Beispiel für solche Kosmetik ist der Film «Convoy» gewesen, der Kris Kristoffersen als Trucker-Idol zeigt, das für seinen Männerstolz Energieverschwendung in jeder Hinsicht betreibt, bis er mitsamt seinem Tanklastzug, einer Welt von Polizisten trotzend, in die Luft fliegt. Das sollen die Cowboys der Gegenwart sein?

Ein Versuch, hinter die Kulissen zu schauen, ist Spielbergs «Weißer Hai». Als Bestie wirkte er genauso schaumgummihaft wie einst Moby Dick. Aber die Darstellung der Verleugnung hat mich fasziniert: Der nette Herr Bürgermeister gibt die Todesopfer nicht bekannt, erklärt sie als Verletzungen Ertrunkener durch eine Schiffsschraube, bis das menschenfressende Biest ihm persönlich seine Aufwartung macht. Wenn es nur immer so einfach wäre, den Gefahren für unser Überleben eine sinnlich faßbare Gestalt zu geben!

12. Auf dem Weg zu einer Ökologie der Beziehungen

> Wo das Tao nicht ist, bleibt die Liebe.
> Wo die Liebe nicht ist,
> bleibt die Gerechtigkeit.
> Wo die Gerechtigkeit nicht ist,
> bleibt das Gesetz.
>
> Lao-Tse

Vor uns steht in allen Bereichen des Forschens eine neue, in ihrem Umfang erst teilweise deutliche Aufgabe: Wie können wir in eine Welt zurückfinden, in der die Dinge wieder menschliches Maß gewinnen? Wo sind wir als Wissenschaftler oder als wissenschaftlich legitimierte Praktiker Komplizen des selbstzerstörerischen Dinosauriers der Industriegesellschaft, die in ihrer gegenwärtigen Form nicht überleben kann, und wo können wir Ansätze zu Alternativen finden, Bausteine für eine andere Zukunft?

Ich will einen für mich neuen, sehr subjektiven Zugang zu dieser Frage suchen, der vielleicht den Vorteil hat, daß er für den Außenstehenden – also den Nicht-Psychologen, Nicht-Psychotherapeuten – leichter nachvollzogen werden kann. Mir scheint, daß die Entwicklung jedes nachdenklichen Menschen unser Dilemma verdeutlichen kann. Wir sitzen sozusagen im Bauch des Dinosauriers, sind Teile seines Organismus, und wollen etwas verändern. Jede meiner auf das Fach Psychologie bezogenen Entscheidungen enthielt eine Antwort auf diese Situation. Jede dieser Antworten war vorläufig, weil sie nicht anders ausfallen konnte, als es die dinosaurischen Zwänge notwendig machten.

Wenn ich die wichtigste «ökologische» Aussage in einen Satz zusammenfassen sollte, dann ist das psychologische (in meinem Fall genauer: psychoanalytische) Wissen vor allem deshalb nützlich, weil es sich selbst aufhebt und wenn es sich selbst aufhebt. Man muß es sozusagen lernen, um es vergessen zu können, um den Anspruch auf Zweckrationalität und Machbarkeit von Gefühlsbeziehungen loszuwerden, der zumindest in meinem Fall (neben anderen Motiven) am Anfang stand. So verkürzt muß diese These etwas paradox wirken. Ich hoffe, sie wird deutlicher, wenn ich den Weg zu ihr beschreibe. Mein Entschluß, Psychologie zu studieren, fiel erst relativ kurz vor dem Abitur. Wie die meisten Berufsentscheidungen war er sicherlich mehrfach determiniert. Ein technisch-mathematischer Beruf schied für mich aus, nicht weil ich diese Fächer nicht beherrschte (meine von Angst bestimmte Anpassung an das Gymnasium führte dazu, daß ich in allen Abiturfächern mit «gut» abschnitt), sondern weil ich sie nicht mochte. Bei Medizin scheute ich das übermäßig lange Studium und die Enge der späteren beruflichen Möglichkeiten. Auch Jura (es lag nahe, denn Vater und Großvater waren Juristen) schied aus – ich fühlte mich dadurch zu festgelegt. Psychologie war etwas Offenes, enthielt die verschiedensten Möglichkeiten und gleichzeitig das Versprechen, die Unklarheit, was ich denn eigentlich werden wollte, auf jenen Wegen zu beseitigen, die in Pubertät und Adoleszenz zumindest in unserem Kulturkreis am meisten zu versprechen schienen: durch Intellektualisierung. Ich sehe diese Entscheidung heute als Kompromiß zwischen den Forderungen des Dinosauriers und meinen «abweichenden» Bedürfnissen. Denn eigentlich wollte ich Künstler werden, Schriftsteller, Dichter. Aber das ist kein «Beruf», keine «Qualifikation», keine Aussicht auf einen sicheren Broterwerb. Ich betrachtete meine entsprechenden Phantasien mit großem Mißtrauen und verschwieg sie meiner Umwelt gegenüber. Es schien mir keine Welt zu geben, in der Kunst «allein» Lebensrecht hatte. Sie war zu schwach, schien mir zu lächerlich und ohnmächtig, zu verworren und albern vor den klaren Umrissen und konsequenten Fortschritten der Wissenschaft. Andrerseits flößte mir die strenge, etablierte Naturwissenschaft Abneigung ein. Also ein Mittelweg zwischen Anpassung und Verweigerung, die Wahl einer Position «zwischen den Stühlen».

Heute erkenne ich in meiner Ablehnung bestimmter Studienfächer eine mir damals selbst noch verborgene Kritik an dem etablierten Prinzip von Macht, Kontrolle und Verwaltung. Ich wollte nichts Bekanntes – ich hatte Juristen vor Augen, Lehrer, Ärzte und wollte gerade nicht so werden wie sie –, sondern etwas Neues. Etwas «Alternatives», würde man vielleicht heute sagen. Aber andrerseits fürchtete ich mich davor, ohne Teilhabe an der Macht, welche die moderne Wissenschaft verspricht, meinen eigenen Weg zu gehen, mich ganz auf Gedichte und Romane zu konzentrieren, die ich zu schreiben versuchte.

Wenn ich Psychologie studierte, konnte ich «in die Industrie» gehen, zur Polizei, in ein Krankenhaus, ich konnte Therapeut werden. Ich hatte die Wahl. (Heute klingt das absurd, aber 1959 gab es so etwas wie eine Lehrer- oder Psychologenschwemme noch nicht, und niemand sah sie voraus.) Meine Vorbehalte gegenüber dem Dinosaurier beruhten nicht auf Reflexion und Einsicht, sondern auf Empfindung. Mein bester Schulfreund war (er konnte es sich leisten) auf das schon damals «brotlose» Studium der Kunstgeschichte gekommen. Zusammen reisten wir viel. Unser Blick schulte sich an dem, was wir als kulturell gewachsen erkannten und mehr liebten als das industriell Gemachte etwa der Vorstädte, der meisten Industriebauten, der mit Glasbausteinen und Fertigbetonteilen so unvorteilhaft gegen die alten Bauernhäuser abstechenden neuen Dorf-«architektur». Mein Umweltbewußtsein war lange Zeit ein Umweltunbewußtes, das zwar meine Stimmungen stark beeinflußte, das ich aber nicht logisch verarbeitete.

Mir scheint, daß die Abstumpfung der Sensibilität und die einseitige Förderung der angepaßten, rationellen Persönlichkeitsteile mitverantwortlich dafür ist, daß die Umweltzerstörung so lange und von so vielen Menschen hingenommen, ja aktiv ins Werk gesetzt wurde. Am Gymnasium wurde mir klar, daß Zeichnen, Musik und Turnen völlig unbedeutend sind. Hier galten die guten Noten so wenig wie die schlechten, weil man ohnedies nicht durchfallen konnte. Diese Abwertung der musischen Fächer hängt wohl mit meiner Angst zusammen, einen Weg außerhalb der Wissenschaft zu suchen. Das Gymnasium förderte die Intellektualisierung – den wichtigsten Mechanismus, mit dessen Hilfe wir die Umstrukturierung der Pubertät bewältigen und uns in der Welt der Erwachsenen zurechtfinden. Sie ist ein Aspekt des «cogito ergo sum» der bürgerlichen Aufklärung. In dem psychoanalytischen Modell der Intellektualisierung wird zu einem Naturgesetz unserer Entwicklung gemacht, was tatsächlich ein Kunstprodukt unserer kartesianisch geprägten Erziehung ist, die sich auf Bemächtigung einer feindlichen Natur durch das zweckrational vorgehende, an maximalem Profit orientierte Individuum richtet. In stärker an ganzheitlichem Welterleben, an der Suche nach Harmonie mit dem Universum orientierten Kulturen versucht der Heranwachsende nicht durch Intellektualisierung, sondern durch die Suche nach einer persönlichen Vision und einem Schutzgeist aus der Tier- und Pflanzenwelt seine Identitätskrise zu bewältigen.[2]

Die Universität setzte fort, was das Gymnasium gebahnt hatte: wonach ich mich sehnte, fand ich in den «Nebenfächern»; was benotet wurde, was im Psychologiestudium «zählte», war weitgehend eine Überanpassung an die experimentellen Methoden der Physik. Für meine literarischen und tiefenpsychologischen Interessen fand ich dort keine Heimat. Ich war eine Zeitlang merkwürdig gespalten, einerseits ein unerbittlicher Methodenkritiker, andrerseits doch wieder von Traumdeutung und Graphologie fasziniert. Meine Handschrift änderte sich. Erst als ich mein Diplom hatte, gewann ich an Selbstbewußtsein und suchte mir ein Thema, das wiederum den Kompromiß zwischen ganzheitlicher und methodisch eingeengter, künstlerischer und wissenschaftlicher Auffassung ausdrückte. Ich promivierte über Mythos und Psychologie, genauer über die methodischen Grenzen einer psychologischen Deutung von Mythen, demonstriert an der Ödipus-Sage.[3]

Warum ich das erzähle? Es scheint mir ein praktisches Beispiel für das, was ich zu Beginn als wesentliche Einsicht für eine ökologische Einordnung der Wissenschaft erwähnt habe. Es ist nützlich, gründliche Kenntnisse zu erwerben, um die Grenzen dieser Kenntnisse zu finden. Die Methodenkritik bleibt allerdings blind, wenn sie sich damit zufriedengibt, die bisherigen Forschungsergebnisse in Frage zu stellen. Sie sollte auch versuchen, eine ökologische Perspektive zu finden, d. h. zu prüfen, wo die bisherige Forschung die Erhaltung der Ganzheit von Lebensvorgängen auf diesem Planeten unangetastet läßt oder bedroht. Der Mensch kann heute diese Ganzheit wahrnehmen und zum Teil auch verstehen, aber er verhält sich vorwiegend so, als ob er es nicht täte. Die Beschäftigung mit dem Mythos hängt damit eng zusammen: Es scheint, daß Gesellschaften mit einem mythischen Weltbild zwar in vielen Einzelheiten schlechter ausgerüstet sind als solche mit einem wissenschaftlichen. Aber obwohl die mythischen Erklärungen für Naturvorgänge und zwischenmenschliche Traditionen in vielen Einzelheiten «verbessert» oder «überholt» werden können, garantiert doch die mythische Weltauffassung eine viel höhere ökologische Stabilität. Die von der Wissenschaft geprägte Gesellschaft der letzten fünfhundert Jahre macht – archäologisch, d. h. stratigraphisch gesehen – nur den Bruchteil eines Prozentes menschlicher Lebensweise auf der Erde aus. Wenn später Archäologen vom Sirius-System die Entwicklung der Erde rekonstruieren, werden sie vielleicht finden, daß hier viele Jahrtausende lang Menschen mit primitiven Werkzeugen lebten, während die Blüte der industriellen Kultur schon nach kurzer Zeit, von einer Schicht radioaktiver Asche bedeckt, verschwand – und mit ihr auch das menschliche Leben.

Meine psychologische Dissertation bereitete mich auf solche Überlegungen insofern vor, als sie zeigte, wie die bisherigen Deutungsversuche übersehen hatten, daß Mythen in den frühen Kulturen eine ganzheitliche und ganzheitsstiftende Funktion hatten. Sie regelten Herrschaft, Heimat, die Beziehung zwischen verschiedenen örtlichen Gruppen, selbst die Beziehung zwischen Menschen, Tieren und Pflanzen. Solche Ganzheiten stiftet die Psychologie nur scheinbar. Die Seele bildet zwar die Welt ab, aber nur im Rahmen der Strukturen, die ihr von den gesellschaftlichen Verhältnissen vorgegeben sind. So lernte ich, gegenüber den Versuchen mißtrauisch zu werden, die sich mit dem Stichwort «Psychologisieren» belegen lassen. Wenn Freud, Jung, Fromm und viele andere den Mythos des thebanischen Königshauses mit seiner Bearbeitung durch viele hundert Jahre später in einer anderen Stadt lebende Tragödiendichter identifizieren und schließlich als Quelle des ganzen Träume oder

Archetypen unterstellen, dann finde ich das ein instruktives Beispiel einer nicht-ökologischen, einäugigen Psychologie.

Aussteigen und Zurückkehren

Meine von einem gefühlsbestimmten Unbehagen getragene Abneigung gegen die übliche akademische Laufbahn, eine während des Studiums aufgebaute Nebentätigkeit als Wissenschaftsjournalist (wieder ein Kompromiß zwischen Literatur und Wissenschaft – aber diesmal ein gesellschaftlich verwertbarer) und eine günstige Gelegenheit, die ich der Industrialisierung Mittelitaliens verdanke, wirkten zusammen. Ich kaufte mir zusammen mit meiner damaligen Frau ein altes Bauernhaus in der Toscana, das – ohne Straßen-, Elektrizitäts- und Wasseranschluß – zu verfallen drohte. Es kostete nicht mehr als damals (1966) ein Kleinwagen. So war ich ein halber Aussteiger – kein ganzer, denn im Winterhalbjahr kam ich nach Deutschland zurück, sammelte Material für Rundfunkartikel und Bücher, besuchte schon fast vergessene Freunde. Oft haben wir damals überlegt, ganz in Italien zu bleiben, den Garten zu vergrößern, vielleicht ein paar Schafe zu halten. Ich konnte mich nicht dafür entscheiden. Ich hatte Angst, die Bindungen an meine Heimat ganz aufzugeben, die ich auf meine älteste Tochter projizierte. Sollte sie in einer italienischen Schule aufwachsen (wo sie sich doch standhaft geweigert hatte, Italienisch zu lernen)? Ich fürchtete auch die harte Arbeit. Aber das Landleben unter sehr urtümlichen Bedingungen fesselte mich sehr. Seine Poesie schlägt mich bis heute in ihren Bann: offenes Feuer, dessen Holz ich aus dem Wald hole. Wasser vom Waldbach, der im Hochsommer angenehm kühl bleibt. Der Regen füllt die Zisterne im alten Kuhstall. Kerzenlicht. Ich rechnete einmal aus, daß die Energiekosten pro Monat ungefähr zehn Mark betragen (Gas, Kerzen, Petroleum). Wieviel Freiheit, Stille, Ruhe kommen in ein Leben zurück, in dem es keine Elektrogeräte und Autos gibt, die kaputtgehen, kein Telefon, kein Fernsehen, keine Wasserleitung, die den emotionalen Bezug zur Quelle zerreißt!

Durch diese Erfahrung ist sicher mein erstes Buch stark beeinflußt worden, das sich unmittelbar mit der Umweltproblematik auseinandersetzt. Damals hatte ich Mühe, zwischen einem psychologischen Beitrag und einer psychologischen (eigentlich genauer: moralischen) Patentlösung zu unterscheiden. «Homo consumens» – inzwischen unter neuem Titel wieder aufgelegt[4] – war ein Versuch, zwischen dem alltäglichen Verhalten des einzelnen Verbrauchers und der großen, zerstörerischen Verschwendung Parallelen herzustellen, Analysen anzusetzen.

Damals fing ich an, mich mit einem Thema zu beschäftigen, das mit Ökologie viel, mit Psychologie aber nur auf Umwegen zu tun hat: die altsteinzeitlichen Kulturen der Jäger und Sammler. Ich liebte diese Lebensform, als ich sie nur aus Büchern kannte, und habe sie nur sehr zögernd auch selbst in Augenschein genommen. Kinder, die im Einklang mit der Natur unter Erwachsenen großwerden, die selbst auch nichts anderes sind als «große Kinder» (so der Vorwurf der Missionare und Kolonisatoren), kommen dem Entwicklungsideal nahe, das Psychotherapeuten suchen. Sie sind ein Traum, den man in den Primitivkulturen verwirklicht sehen kann, obwohl dieser Traum nur in hochentwickelten, bürgerlichen Gesellschaften geträumt wird. Jean Liedloff beschreibt ihn in ihrem Buch über «Die Suche nach dem verlorenen Glück».[5] Meinem Buch über «Jäger und Sammler»[6] und Jean Liedloffs Arbeit über die zivilisierten Erwachsenen, die so vergeblich den Zustand nachholen wollen, den ihnen das Aufwachsen bei den Yequana wirklich gegeben hätte, ist die Vorstellung vom «evolutionär Richtigen» gemeinsam. Es gibt Umwelten, gesellschaftliche Bedingungen, unter denen der Mensch glücklich leben kann, und andere, die ihn bei allem Wohlstand deprimieren. In dem evolutionär kurzen Zeitraum, der unsere Zivilisation hervorbrachte, hat der Mensch die Umwelt verloren, in der er mit seinen Gefühlen ohne Verdrängungen und Spaltungen zu Hause sein kann. Er mußte lernen, sich nicht mehr auf seine Empfindungen zu verlassen – im Umgang mit der Natur wie im Verhalten seinen Mitmenschen gegenüber. Innere und äußere Kontrolle im Dienst der verschiedensten Obrigkeiten waren der Ersatz. Glücksgefühle sind für uns nur noch die «Entladung gestauter Energie», wie Freud sagt (wiederum ohne die historische Entstehung dieser Situation einzubeziehen).

Das Indianerbaby gewinnt, auf dem Rücken der Mutter schaukelnd, Weltvertrauen. Ist es mehr als ein Symbol? Ist es ein Modell, die Sehnsucht des Weißen zu erfüllen, der dauernd unzufrieden ist und Glück nur in ferner Zukunft suchen kann? Aus der Ethnologie lassen sich so wenig Glücksrezepte gewinnen wie aus der Psychologie. Wie Colin Turnbull gezeigt hat[7], können aus solchen Babies auch mißtrauische, grausame, völlig von Egoismus besessene Wesen werden, wenn die ökologischen Grundlagen ihrer Kultur zerstört werden. Selbst die glücklichen Indianer sind von einer verderblichen Leidenschaft besessen, sich unglücklich zu machen, die Güter der Zivilisation durch Arbeit zu erwerben und ihren Kummer, daß es ihnen nicht gelingt, im Alkohol zu ertränken. Es entwertet den Traum vom Leben im Gleichgewicht mit der Natur nicht, wenn wir zugestehen, daß die Träumer immer bereit waren, ihn für den Alptraum der Zivilisation aufzugeben. Aber wenn unser ökologisches Denken Bestand haben soll, muß es eine Widerstandskraft gewinnen, die eben den altsteinzeitlichen, den im Mythos lebenden Kulturen abgeht.[8]

Meine Lebensform in den Jahren zwischen 1966 und 1972 setzte den Widerspruch fort, den ich bereits in den Reflexionen zur Wahl des Faches Psychologie angedeutet habe. Ich war ausgestiegen – aber nur zum Teil. Ich hatte den Dinosaurier kritisiert – aber ohne die Grenzen meiner eigenen, psychologischen Position ökologisch zu reflektieren, d. h. auf eine Ganzheit zu beziehen. Ich kann den Einwand verstehen, daß es sich bei mir doch nur um einen Einzelfall handelt, der wohl nicht typisch ist. Aber ich weigere mich, mich durch das «nur» zum Verstummen bringen zu lassen.

Georges Devereux beschreibt[9], wie in den Verhaltenswissenschaften Aussagen durch die eigene Subjektivität verzerrt werden. Ich versuche daher den umgekehrten Weg: Indem ich die Verknüpfung zwischen meiner Umweltsituation und meinen Gedanken zeige, will ich es dem Leser erleichtern, diese Gedanken kritisch einzuordnen und vielleicht selbst ähnliche Bezüge herzustellen. Der Psychologe macht keine Aussagen über Sachen, sondern welche über Menschen: er spricht zu Subjekten. Sinn scheint mir dieses Sprechen zu haben, wenn es den Subjekten hilft, sich selbst besser zu verstehen und genauer zu orientieren. Die psychosoziale Umweltbelastung durch psychologisches Forschen, die durch Psychologen gebildeten Teile des Dinosauriers sozusagen, sehe ich gerade da, wo scheinobjektive Aussagen gemacht werden, wo der Psychologe auftritt wie jemand, der weiß, wie über die Gefühle der Betroffenen hinweg Glück und Zufriedenheit gemacht werden. Wer offen über sich selbst spricht und sich den eigenen Ambivalenzen stellt, wird solche Rezepte nicht mehr verkaufen. Damit ist die Psychologie noch nicht hilfreich, aber immerhin nicht mehr schädlich.

Ich weiß bis heute nicht, ob es richtiger oder besser gewesen wäre, meine Angst zu überwinden, ein Land- (und zum Teil auch) Wortarbeiter in der Toscana zu werden. Aber ich habe gelernt, diese Unsicherheit zu ertragen und beide Seiten zu verstehen: den Wunsch, auszusteigen und in einer noch weniger zerstörten Umwelt von vorne anzufangen – und die Bindung an den vertrauten Platz innerhalb des Dinosauriers. Bei aller intellektuellen Distanz und gefühlshaften Abneigung gehören wir auch zu ihm. Er ist uns Heimat, während er unsere Heimat zerstört (was ist aus den Feldwegen und den klaren Bächen meiner Kindheitslandschaft am Inn in Niederbayern geworden!).

Gruppendynamik – «Befreite Gebiete?»

Ich kehrte zurück, begann eine psychoanalytische Ausbildung und gründete zusammen mit einigen Ärzten, Psychologen und Pädagogen die Gesellschaft für analytische Gruppendynamik. Die Praxis faszinierte mich. Zu lange hatte ich von meinem Schreibtisch aus auf Geschichte, Wissenschaft, Gesellschaft und ähnliche Abstrakta geblickt. Da waren konkrete Menschen, die sich für ein vertieftes Wissen und für neue Erfahrungen über ihre Gefühlsbeziehungen zu anderen Menschen interessierten! Ich konnte ihnen etwas vermitteln. Sie wollten von mir, durch mich etwas lernen. Ist es dieses Gefühl, das uns an unserem Platz im Innern des Dinosauriers festhält, wohl wissend, wohin er geht?

Als Medizinjournalist hatte ich Günter Ammon kennengelernt und unterstützt. Wir nannten uns Freunde. Neben anderem fesselte mich sein Gedanke, durch Gruppendynamik kleine, befreite Gebiete zu schaffen. Der Vergleich kam aus der Guerilla in den Ländern der Dritten Welt, die so schwer am Erbe des Kolonialismus nach außen tragen wie die Europäer am Erbe des Kolonialismus nach innen, der Unterwerfung unserer Gefühle und Phantasien unter die Diktatur der Verwertung und Zweckmäßigkeit. Das schien die Lösung für meine Ambivalenz. Ich konnte gleichzeitig den Platz außerhalb des Dinosauriers behalten, den ich mir bisher durch den Fluchtpunkt des toscanischen Hauses geschaffen hatte, und in ihn zurückkehren, indem ich um mich herum einen befreiten Raum schuf.

Die Freundschaft mit Ammon zerbrach, weil er Meinungen und Interessen nicht ertragen konnte, die seinen Erwartungen widersprachen – und ich seine Intoleranz und seinen Anspruch auf völlige Selbstaufgabe in seiner Gefolgschaft ablehnte. Der Glaube an die «befreiten Gebiete» ist etwas länger geblieben, er bestimmte noch meine ersten Arbeiten über Gruppenselbsterfahrung.[10] Aber allmählich sah ich, wie illusionär dieser Vergleich ist, wie wenig Psychologen und Therapeuten von der ökologischen Problematik verstanden haben, wenn sie solche Metaphern wählen oder seelisches Wachstum analog zu unseren akademischen (technisch-industriellen) Fortschrittsvorstellungen auffassen.

Die Grundannahme der Gruppenselbsterfahrung ist, daß wir alle lernen, Masken zu tragen, Fassaden aufzubauen, die den gesellschaftlichen Forderungen entsprechen. Das bleibt für die Betroffenen so lange unproblematisch, wie sie davon wissen, also die Maske auf ihrer Haut spüren, sie abnehmen, sie in Frage stellen können. Aber wenn der Anpassungsdruck so hoch wird wie in der entwickelten bürgerlichen Gesellschaft, kommt es immer öfter vor, daß die Maske auf der Haut festwächst, von ihr nicht mehr getrennt werden kann und damit das Individuum in seinen Möglichkeiten, verschiedene Gefühle zuzulassen und sein eigenes Verhalten aus kritischer Distanz zu sehen, ernstlich beeinträchtigt wird.

Ironischerweise ist es dann oft eher eine Maske nach innen. Ich bin behindert, *mich* zu sehen, *meine* Reaktionen wahrzunehmen, die für andere durchaus sichtbar sind. Ich erinnere mich, wie verblüfft und verärgert ich war, als mir in einer Selbsterfahrungsgruppe während meiner Ausbildung gesagt wurde, ich sähe aus wie ein beleidigtes Baby. Ich war kein Baby, und ich war auch nicht beleidigt, ich war überhaupt nicht verletzlich, zumindest nicht so, daß man mir etwas anmerkte, wenn ich es nicht wollte. Ich trug sozusagen eine nach innen gewandte Maske («starker Mann»), die meinem äußeren Erscheinungsbild nicht entsprach. Denn sonst hätte die Frau, die mich ansprach, meine Verletzung nicht wahrgenommen.

Solche Erfahrungen sind schmerzhaft und nützlich. Sie schaffen ein wenig mehr Freiheit – aber kein befreites Gebiet. Sie sind nicht dauerhaft. Die Gruppensituation ist eine Ausnahme, die oft schon nach einem Wochenende abgeschlossen wird. Zum anderen sind solche Emanzipationsschritte ständig in Gefahr, von dem vereinnahmt zu werden, gegen das sich der Befreiungskampf richtet (ein Schicksal, das sie mit den befreiten Gebieten tropischer Länder teilen). In der Psychoszene sieht das so aus, daß die neuen Einsichten auf einmal nur die alten Mechanismen wiederholen («jetzt habe ich es immer noch nicht geschafft, mein strenges Über-Ich loszuwerden!»). Diese Gefahren drohen vor allem dann, wenn das gruppendynamische Wissen nicht vor dem Hintergrund einer allgemeinen Gesellschaftstheorie kritisch reflektiert wird, sondern vorgibt, eben diese Theorie überflüssig zu machen. Die Aufklärung über meine Angst, verletzlich zu sein, kann zu einem routinierten Reden über eigene Betroffenheit führen. Wenn mir klar ist, aus welchen allgemeinen Zusammenhängen heraus die Verletzlichkeit verleugnet werden muß, wird diese Entwicklung aufgehalten.

Die Destruktivität der Ideale

Die psychoanalytische Praxis ließ mich immer wieder einer Erscheinung begegnen, die mit der oben beschriebenen verwandt ist. Ich fand für sie den Arbeitsbegriff von der «Destruktivität der Ideale»[11], meine Art, Freuds Wortschöpfung vom «Über-Ich» zu verändern, um sie neu entdecken zu können: nur so lernte ich by heart. Wie kommt es, daß es im Leben vieler Menschen etwas gibt, das – vergleichbar einer Behörde – niemals schläft? Das sie festlegt, ihnen die naheliegende, befriedigende Lösung verbaut und sie zwingt, Glück gerade dadurch zu zerstören, daß sie es unbedingt dauerhaft, unendlich, vollkommen haben und machen wollen?

Es gab psychoanalytische Antworten. Aggression wird kontrollierbar gemacht, indem sie eine innerseelische Instanz gegen das eigene Ich richtet, mahnend, urteilend. Es kann geschehen, daß die Lösung aus solcher Sklaverei in einer intimen Beziehung gesucht wird. Der Partner soll an die Stelle des inneren Zensors und Richters treten. Aber dazu müßte er vollkommen sein. So entdeckte ich in vielen Ehen, mit deren gruppentherapeutischer Behandlung ich damals begann, ähnliche Störungen. Der Partner kann, ebensowenig wie die eigene Person, geliebt werden, wie er augenblicklich ist. Er muß verbessert, vervollkommnet werden. Für dieses erhabene Ziel, das völlige Harmonie und Befriedigung aller Bedürfnisse verheißt, muß die kleine, gegenwärtige Möglichkeit des Glücks als allzu unvollkommen und vorläufig geopfert werden. Die von mir damals gezogenen Parallelen zwischen den innerseelischen Zuständen des neurotisch Kranken und den Widersprüchen der Industriegesellschaft hat auch Jürg Willi auf Partnerbeziehungen angewendet. Er schlägt vor, das zum Scheitern verurteilte Prinzip der restlosen Bedürfnisbefriedigung durch das Prinzip gemeinsamer Entwicklung zu ersetzen – Koevolution in der Intimität statt Ausbeutung.[12]

Mir wurde deutlich, daß die linearen Fortschrittsideologien, die das Verhalten der Industriegesellschaft nach außen, ihren Kolonialismus und Imperialismus bestimmen, nach innen, auf die Subjekte gerichtet, ganz ähnlich zerstörerische Folgen haben. So unterschied ich ein «lineares» und ein «zyklisches» Prinzip, worin ich noch einmal den Gegensatz zwischen Wissenschaft und Mythos, zwischen technischer Unterwerfung und künstlerischer Integration unter einem neuen Blickwinkel aufgriff. Das lineare Prinzip spaltet den Menschen in einen angepaßten, guten, richtigen und in einen unangepaßten, schlechten, falschen Teil. (Es ist deshalb auch das Prinzip des traditionellen Patriarchats.) Es führt in Beziehungen dazu, daß die unangepaßten Teile ausgegrenzt, abgespalten oder verdrängt werden müssen (dualistische Umgangsform).[13] Die zyklischen Prinzipien hingegen respektieren die periodische Auflösung, das Vergessen, die Unvollkommenheit und den Rückschritt. Sie sind daher gesellschaftlich am reinsten in den schriftlosen Kulturen verkörpert – denn der Schriftbesitz ist ebenso wie heute die binäre Kodierung (auf der die Computerprogramme beruhen) eine Form, linear erreichte Perfektionsvorstellungen ein für allemal mitleidlos aufrechtzuerhalten.

In Beziehungen führt das zyklische Prinzip dazu, den Partner nicht in einen guten und in einen schlechten Teil zu spalten, sondern ihm als ganzer Person zu begegnen, zu der man sich hingezogen oder von der man sich abgestoßen fühlt. Beziehungen werden nicht mehr durch einen äußeren Normenkatalog von richtig oder falsch geregelt, sondern spielen sich in einem grundsätzlich nie abgeschlossenen Prozeß ab, in dem mehr und vielfältigere Gefühle zugelassen und beantwortet werden können (dialogische Umgangsform).[14]

Ein anschauliches Beispiel für die Störungen durch eine Überbetonung des linearen Prinzips sind viele Arbeitsschwierigkeiten, aber auch die verbreiteten Depressionen. Der Betroffene schiebt die Arbeit vor sich her, weil er sich unbewußt nicht vorstellen kann, sie zu unterbrechen, zyklisch mit ihr umzugehen, d. h. sich zwischendurch zu erholen, etwas anderes zu tun, sie zu vergessen. Er muß sie entweder verdrängen oder sich von ihr verdrängen lassen. Dahinter stehen oft sehr hochgeschraubte, praktisch unerfüllbare Erwartungen, die dazu führen, daß der Arbeitsgestörte auch seine realistischen Fähigkeiten nie entwickeln kann – zu gering sind sie angesichts des destruktiven Ideals.

Parallelen zwischen dieser Gegenüberstellung von linearen/zyklischen Mustern und der Kritik an der cartesianischen Trennung (der Geburtsstunde des Dualismus) liegen nahe. Die Psychoanalyse ist der Ökologie deshalb verwandt, weil sie den Sinn eines vielfältigen Erlebens betont, weniger in der Theorie als in der analytischen Methode, die darauf beruht, möglichst viele Erlebnisse zuzulassen und nicht mit besserwisserischen, dualistischen Normierungen in diesen Prozeß einzugreifen. Das befreiende Element in der Psychoanalyse gerät freilich dann in Gefahr, wenn sie sich allzu bereitwillig den Zwängen einer Legitimation als medizinische Spezialdisziplin unterwirft und nicht mehr in der Lage ist, etwas zu tun, was ich für das Grundgesetz einer ökologischen Wende halte: sich selbst nicht aus dem eigenen Reflexionszusammenhang auszusparen.

Die soziale Rolle des Experten zwingt diesem eine Teilhaberschaft an linearen Prinzipien auf, die es zu einem absurden Widerspruch (und zugleich zur praktischen Wirklichkeit) macht, als Fachmann an der Wiederherstellung zyklischer Prinzipien zu arbeiten, während es gleichzeitig eine Wiederholung linearer Prinzipien ist, an der Trennung zwischen Laien und Experten festzuhalten. Wir brauchen aus einer ökologischen Sicht dieses Problems heraus Experten, die über ihre Selbstaufhebung nachdenken, und Laien, die ihnen helfen, das differenziert und geduldig zu tun.[15]

Ich weiß nicht, ob in meinem Ökotopia – der ökologisch bestimmten Utopie[16] – die Psychologen und Psychoanalytiker noch einen Platz haben, um über Partnerschaften, Gruppendynamik und Familientherapie zu sprechen und zu schreiben. Ich glaube, es wäre am besten, dieses Sprechen den Künstlern zurückzugeben, denen es in unserer wissenschaftsbesessenen Welt genommen wurde. Denn in der Kunst gibt es ein wesentliches Merkmal, das der Wissenschaft fehlt: rechtzeitig aufzuhören. Der Bildhauer, der nach Michelangelos Vorbild *per via di levare* (auf dem Weg des Wegnehmens) eine Statue aus dem Marmorblock holt, muß genau wissen, wann er aufhört. Der Wissenschaftler ist in Gefahr, weiterzuforschen, bis ein Haufen von Krümeln und Splittern zu seinen Füßen liegt, nur noch als Zuschlagstoffe für Beton geeignet. Die Wohltat des Vergessens, der ökologischen Begrenzung wird gerade in der Psychologie oft versäumt. Als Deutungskunst ist die Psychoanalyse oft hilfreich –

kreativ und auf die Einzigartigkeit einer zwischenmenschlichen Situation zugeschnitten. Als Deutungswissenschaft wird sie unerträglich und provoziert einen berechtigten Kampf gegen Besserwisserei.

Anmerkungen

1 W. Schmidbauer, Im Körper zuhause. Alternativen für die Psychotherapie. Frankfurt (fischer-alternativ) 1982
2 Vgl. die Reflexionen zum Fortschrittsbegriff bei C. Levi-Strauss, Traurige Tropen. Köln (Kiepenheuer) 1960
3 W. Schmidbauer, Mythos und Psychologie. Methodische Probleme der Mythendeutung, aufgezeigt an der Ödipus-Sage. München (E. Reinhardt) 1970
4 W. Schmidbauer, Weniger ist manchmal mehr. Zur Psychologie des Konsumverzichts. Reinbek (Rowohlt) 1984. Erstauflage unter dem Titel Homo consumens – Der Kult des Überflusses. Stuttgart (DVA) 1972
5 J. Liedloff, Auf der Suche nach dem verlorenen Glück. Gegen die Zerstörung unserer Glücksfähigkeit in der frühen Kindheit. München (Kösel) 1980
6 W. Schmidbauer, Jäger und Sammler. Als sich die Evolution zum Menschen entschied. München-Planegg (Selecta-Verlag) 1972
7 C. Turnbull, Das Volk ohne Liebe. Der soziale Untergang der Ik. Reinbek (Rowohlt) 1973
8 Vgl. G. Bateson, Ökologie des Geistes. Frankfurt (Suhrkamp) 1983
9 G. Devereux, Angst und Methode in den Verhaltenswissenschaften. Berlin (Ullstein) 1967
10 Z. B. W. Schmidbauer, Emanzipation in der Gruppe. München (Piper) 1974
11 W. Schmidbauer, Alles oder nichts. Über die Destruktivität von Idealen. Reinbek (Rowohlt) 1980
12 J. Willi, Koevolution. Reinbek (Rowohlt) 1985
13 T. Bauriedl, Beziehungsanalyse. Frankfurt (Suhrkamp) 1980, unterscheidet zwischen «dualistischem» und «dialektischem» Prinzip. Diese Einteilungen sind eng verwandt und fast gleichzeitig publiziert worden.
14 Ich ziehe den Ausdruck «dialogisch» dem philosophisch stärker festgelegten «dialektisch» vor (vgl. Anm. 13).
15 Vgl. die Arbeiten von I. Illich, vor allem Die Nemesis der Medizin. Von den Grenzen des Gesundheitswesens, und Schulen helfen nicht. Über das mythenbildende Ritual der Industriegesellschaft, beide Reinbek (Rowohlt) 1969 u. 1977.
16 E. Callenbach, Ökotopia. Notizen und Reportagen von William Weston aus dem Jahre 1999. Rotbuch Verlag (Berlin) 1978.

13. Dialektik in der Psychotherapie

> Dialektik ist die Aufzeichnung der dem Gegenstand selbst innewohnenden Widersprüche, kraft deren alles Endliche in sein eigenes Gegenteil umschlägt, um sich aus dieser Diremption zu einer höheren, reicheren Einheit wieder zusammenzufassen.
>
> Meyers Konversations-Lexikon, 1897

Vor allem in der Supervision angehender Gruppenleiter und Psychotherapeuten haben sich mir in letzter Zeit mehr und mehr Überlegungen aufgedrängt, die ich – philosophisch gesehen möglicherweise etwas voreilig – als dialektisch ansehe und für wesentlich halte, um sich im Dickicht der pluralistisch orientierten «integrativen Psychotherapie» besser zurechtzufinden. Ich erlebe es für mich selbst und für andere Therapeuten, deren Interventionen ich mit ihnen bespreche, als fruchtbar, zu überlegen, wo die unseren therapeutischen Methoden innewohnenden Widersprüche liegen, wo auch hier aus Vernunft Unsinn, aus Wohltat Plage wird. Um es in der technischen Sprache zu sagen, die ich selbst am besten beherrsche, nämlich in der psychoanalytischen: Wo wird eine vorgegebene therapeutische Technik zum Widerstand?

Die Dialektik von Übertragung und Beziehung

Viele neuere, vor allem in der Gruppenselbsterfahrung und Gruppenpsychotherapie angewandte Verfahren haben das traditionelle Konzept der Übertragungsanalyse aufgegeben und die Vorzüge einer offenen, gegenseitigen Beziehungsklärung betont. Das gilt für die klientenzentrierte Methode nach Carl Rogers, vor allem für die Anwendung in den Entcounter-Gruppen für die Gestalttherapie von Fritz Perls und für die themenzentrierte Interaktion, die Ruth Cohn begründet hat. Was den Grad der Offenbarung eigener Gefühle durch den Therapeuten angeht, so wird auf die Bedeutung von Einfühlung in die Lage des Klienten hingewiesen – «selektive Authentizität» ist das Stichwort. Selektiv authentisch ist allerdings auch der Psychoanalytiker insofern, als er die ihrem Wesen nach berufliche Beziehung zu seinen Klienten eindeutig klarlegt und lebt.

- These: *Soweit ich die Übertragung eines Klienten analysiere, äußere ich einen Widerstand gegen die Klärung meiner Beziehung zu ihm. Sobald ich meine Beziehung zu ihm klarlege, äußere ich einen Widerstand gegen die Klärung seiner Übertragung.*

Mißverständlich ist hier möglicherweise das Wort «äußere». Mir scheint, daß es sinnvoll ist, weil hier durch *eine* Verhaltens-Äußerung eine mögliche und sicher auch nützliche Alternative unmöglich gemacht wird. Gemeint ist keinesfalls eine bewußte oder absichtliche Äußerung. Die Dialektik von Beziehung und Übertragung wird sowohl von den Befürwortern einer möglichst gründlichen Übertragungsanalyse wie auch von den Fürsprechern der authentischen Begegenung nicht gesehen. Beide verleugnen sie mit Hilfe einer Identifizierung mit dem Über-Ich einer bestimmten Methode, die Sicherheit über «richtig» und «falsch» zu geben verspricht, aber auch Kreativität und Verhaltensvielfalt einengt – auch das wieder ein Stück Dialektik psychotherapeutischer Orthodoxie. Ausbildungs-Orthodoxie mit strengen Kriterien wird ja als Gegenmittel gegen die schludrige «wilde» Handhabung psychotherapeutischer Methoden entwickelt und ist hier bitter nötig. Ihr immanenter Widerspruch enthüllt sich, sobald die Disziplinierung des Anfängers zu einem eisernen Panzer wird, die Methode keine neuen Ansätze mehr duldet, so daß diese häufig in neue Schulgründungen mit einer neuen Orthodoxie abgelenkt werden.

Wesentlich an der dialektischen Betrachtungsweise von Übertragung und Beziehung scheint mir, daß sie einen Ausweg aus dem Konflikt des Therapeuten oder Beraters anbietet, der sich fragt, ob es in einer bestimmten Situation «richtig» oder «falsch» war, seine persönliche Meinung zu äußern und dadurch ein Stück seiner Beziehung zum Klienten offenzulegen. Er kann sich verdeutlichen, daß er damit dem Klienten etwas gegeben hat – und indem er es gab, hat er ihm auch etwas genommen. Er hat die Stellung des «wohlgeschliffenen Spiegels» aufgegeben und sich damit sicher teilweise der Möglichkeit beraubt, eine Übertragung zu analysieren. Andrerseits ist die Übertragungsanalyse eine Idealforderung, der selbst in regelrechten Psychoanalysen häufig nicht Genüge getan wird. In dem zeitlich begrenzten Rahmen einer Beratung oder einer Selbsterfahrungsgruppe ist es nur in günstigen Fällen möglich, die Neuauflage von Wünschen und Phantasien, bei denen der Therapeut eine frühe Bezugsperson ersetzt, aufzulösen und dadurch dem Klienten zu einem neuen Selbstverständnis zu verhelfen. In vielen anderen Fällen bleibt die Übertragungsanalyse unabgeschlossen: Der Klient fühlt, daß ihm eine gegenseitige, offene Beziehung verweigert wird, der Therapeut resigniert angesichts der starken Widerstände und der begrenzten Möglichkeiten. Kann er sich damit trösten, daß er vom analytischen Standpunkt aus «nichts falsch» gemacht hat? Daß seine Haltung schonender für den Klienten ist als ein emotional bestimmtes Agieren, in dem der Klient für die Erfüllung eigener Gefühlsbedürfnisse verwendet wird?*

* *Es ist hier wichtig, zwischen der Psychoanalyse als therapeutischer Technik und als Forschungsmethode zu unterscheiden, in der Widerstand, Übertragung und Gegenübertragung untersucht werden. Meiner Ansicht nach ist die analytische Haltung nicht durch bestimmte methodische Regeln definierbar, die in zwischenmenschlichen Situationen angewendet werden (z. B. Zurückhaltung, Beschränkung auf Verbalisieren, Verwendung von Deutungen), sondern durch die grundsätzliche Bereitschaft, das eigene Verhalten unter den Aspekten von Übertragung, Gegenübertragung und Widerstand zu reflektieren. Es gibt demnach keine «unanalytischen» Interventionen, sondern nur eine unanalytische Haltung im Umgang mit diesen Interventionen. Diese liegt beispielsweise dann vor, wenn die Möglichkeit von Übertragung und Gegenübertragung in therapeutischen Prozessen nicht einbezogen wird, oder wenn der Therapeut annimmt, er könnte die Reflexion über solche Vorgänge durch Anwendung bestimmter Regeln ersetzen.* *Vgl. den Beitrag 4. auf Seite 67.*

Aktivität – Zurückhaltung des Therapeuten

Für den Therapeuten ist die Frage, ob er in einer bestimmten Situation eingreifen soll oder nicht, häufig mindestens ebenso schwierig zu entscheiden wie die Wahl einer nützlichen Intervention. Wer Therapieprotokolle verfolgt, findet sehr verschiedene Abstände zwischen den einzelnen Interventionen. Was ist «richtig»? Die zusammenfassende Deutung, nachdem der Klient eine Viertelstunde seinen freien Einfällen nachging, das gewährende, aber auch frustrierende Schweigen des Analytikers über Stunden hin, die ständige Begleitung von Äußerungen des Klienten durch das Zurückspiegeln ihres Gefühlsgehalts, die klar strukturierte, von Fragen und Antworten bestimmte Exploration aktueller Verhaltensweisen? Sehen wir von den Überlegungen zur Indikation verschiedener therapeutischer Verfahren ab, die erst in Ansätzen entwickelt worden sind, so bleibt die in der konkreten therapeutischen Situation – einzeln oder in der Gruppe – immer wieder auftauchende Entscheidung: Soll ich jetzt aktiv werden oder soll ich mich zurückhalten und es dem Klienten (der Gruppe) noch überlassen, möglicherweise von sich aus zu einem wesentlichen Punkt zu kommen, den ich mit meinen Fragen, mit meinen theoretisch orientierten Vermutungen jetzt noch nicht erreichen kann?

- These: *Durch meine Aktivität kann ich dem Klienten (der Gruppe) einen neuen Ansatzpunkt geben, den er (sie) ohne sie nicht findet – gleichzeitig kann ich ihm (ihr) die Möglichkeit nehmen, seine (ihre) eigenen Hilfsquellen auszuschöpfen und selbst eine Lösung zu finden, die ihn (sie) unabhängiger macht. Durch meine Zurückhaltung kann ich dem Klienten oder der Gruppe Raum für eigene Lösungsmodelle geben, gleichzeitig nehme ich ihnen die Unterstützung durch meine eigenen Anstöße.*

Auch hier wird die dialektische Spannung zwischen diesen beiden Polen nicht selten durch technische Regeln verdeckt – das gilt sowohl für die Vertreter ausgearbeiteter Verhaltens-Aufbauprogramme wie für die gläubig den universalen Möglichkeiten freigesetzten menschlichen Wachstums vertrauenden Nicht-Direktiven.

Jede therapeutische Methode wird zu ihrem eigenen Widerstand

Manchmal ist es angezeigt, den therapeutischen Prozeß selbst der dialektischen Beratungsweise zu unterziehen. Die Faszination, die für viele Intellektuelle von dem Spruch KARL KRAUS' ausgeht («Die Psychoanalyse ist ein Symptom der Krankheit, für deren Therapie sie sich hält»), sollte auch Analytikern zu denken geben. Auf Kosten der Analytiker ist hier dasselbe gesagt wie in einem nicht viel liebenswürdigeren Satz, der auf Kosten ihrer Patienten geht – daß nämlich der Neurotiker die Therapie aufsucht, um seine Neurose zu vervollkommnen. Dahinter steckt ein sehr ernstes Problem.

Schließlich ist die Neurose keine schlechte Angewohnheit, die abgelegt werden kann wie ein zerrissenes Kleid, sondern in allen ernstlichen Fällen eine Überlebensstrategie. Und wo es für den Betroffenen um seelisches Überleben oder unerträglich scheinende Schmerzen und Ängste geht, wird er auch die neue Situation, welche die Therapie herzustellen versucht, mit den vertrauten, bewährten, wenngleich andrerseits leidvollen Mitteln bewältigen. So ergibt sich eine Art Wettrennen, in dem sich der Therapeut nicht selten fühlt wie der Hase zwischen den beiden Igeln. Der Therapeut versucht gewissermaßen, die Neurose des Klienten in seine therapeutisch-methodische Welt einzuordnen und sie mit ihren Mitteln zu bewältigen, während der Klient versucht, die therapeutischen Ansätze in seiner neurotischen Welt aufzunehmen und sie mit ihren Mitteln zu bewältigen. Und da der Theapeut der Eindringling ist, gerät er oft in Hinterhalte.

Der Klient, der bisher seine Umwelt mit Hilfe seiner Symptome manipuliert hat, kann beispielsweise anfangen, sie mit Begründungen und Techniken zu manipulieren, die er der Therapie entnimmt. Der Eheberater mag erschreckt sehen, wie die hilfreichen Vorschläge, mit denen er den schwelenden Krieg eines zerstrittenen Paares beenden wollte, flugs in Waffen für diesen Krieg umgeschmiedet werden. Dem Therapeuten bleibt in dieser Situation keine andere Möglichkeit, als die mißbräuchliche Verwendung der therapeutischen Mittel wiederum mit diesen Mitteln aufzuzeigen und wenn möglich die Wiederholung der Neurose auf dieser neuen Ebene zu verhindern.

Wenn ich nach einem gemeinsamen Merkmal der verschiedenen Therapieformen suche, dann ist es am ehesten unter dem Oberbegriff des «Neuen» zu fassen. Neue Einsicht, neue Lernschritte, neue Wachstumsmöglichkeiten, neue Kommunikationsformen – in jedem Fall wird dem «alten» Abwehr- und Verhaltenssystem der Neurose ein neues, strukturierendes Merkmal eingefügt, das – so die Absicht des Therapeuten – das ganze System verändert. Diese Dynamik ruft eine Gegenkraft auf den Plan: Nicht der neue Einfluß soll das alte System verändern, sondern dieses soll so erweitert werden, daß es den neuen Einfluß aufnehmen und in seine Struktur einbauen kann.

Diese Überlegung gewinnt in den für mich persönlich interessanteren Therapieformen, in denen Selbsterfahrung des Therapeuten ein unerläßliches Stück der Ausbildung ist, ihren besonderen Reiz. Inwieweit ist die therapeutische Methode, mit der ich bevorzugt umgehe, ein neues Element in meiner Persönlichkeit, das diese verändert hat? Und andrerseits: Wo wiederhole ich gerade in der Wahl und Handhabung meiner therapeutischen Mittel alte Abwehr- und Verhaltensformen? Ich selbst bin beispielsweise sicher, daß meine Entscheidung für die Psychoanalyse eng mit den Kommunikationsformen in meiner Familie zusammenhängt, in denen Gefühlsbedürfnisse unausgesprochen blieben und rationale Argumente über Bildungsinhalte vorherrschten. Die Psychoanalyse setzt dieses Abwehrsystem insofern fort, als sie ebenfalls mit rational-inhaltlichen Mitteln vorgeht, aber ihr Weg führt auf die emotionalen, vom Lustprinzip beherrschten Primärprozesse zu, die sie mit den Mitteln der Sekundärprozesse zu erfassen sucht, deren Dominanz aber gerade den Primärprozessen feindlich ist.

Das «Neue» der Psychoanalyse greift somit einen «alten» (in der bürgerlichen Gesellschaft weit verbreiteten) Abwehrmechanismus auf und strukturiert ihn um, wird aber auch seinerseits durch diesen Abwehrmechanismus verändert. Gerade das höchst differenzierte und umfassende System der rationalen Analyse des irrationalen Bereichs in der Psychoanalyse enthält auch die Gefahr der permanenten Rationalisierung (die von Analyse-Kritikern wie FRITZ PERLS Oder ARTHUR JANOV fälschlicherweise mit Psychoanalyse schlechthin gleichgesetzt wird). Die analytischen Mittel werden nicht mehr angewandt, um in neue innere Bereiche vorzustoßen, sondern um die alten, neurotischen Zusammenhänge in einer Sprache zu wiederholen. Die Beschränkung auf Verbalisieren, das Liegen auf der Couch – sie können fruchtbare, neue Erlebnisse bringen oder aber auch zum Mittel des Widerstands, zur Tarnung des Wiederholungszwanges werden. Das gleiche gilt für den Analytiker, der diese Methoden anwendet – tut er es so, daß er auch in sich selbst immer wieder neue Situationen vorfindet, oder wiederholt er immer wieder das Bekannte und bestätigt damit die Integration seiner Methode in sein eigenes Abwehrsystem?

Psychotherapie bedeutet Veränderung, und Therapeuten aller Schulrichtungen sind sich wohl einig darüber, daß diese Veränderung Widerstände überwinden muß. Die dialektische Betrachtungsweise zeigt uns dabei, daß wir unausweichlich, indem wir einen bestimmten Widerstand angehen und womöglich bewältigen, einen anderen nicht nur beiseitelassen, sondern womöglich fördern und verstärken. Wir verändern uns und andere in einem Bereich, und werden selbst oder machen andere in einem weiteren Bereich weniger bereit zu Veränderungen. Eine der größten Chancen einer integrativen Psychotherapie ist es, diese Prozesse genauer zu erfassen und neue Alternativen zu finden, wenn die schöpferischen Möglichkeiten einer therapeutischen Vorgehensweise beendet sind.

Auch hier ist es notwendig, den Wunsch des Klienten nach einer neuen Methode (und einem neuen Therapeuten) wirklich zu verstehen. Er kann zweierlei aussagen: einen heftigen Widerstand gegen die bisherige Vorgehensweise, dessen Überwindung ihn tatsächlich einen wesentlichen Schritt weiterbringen würde – oder aber einen vom Klienten selbständig entwickelten Schritt aus einer erstarrten, verfestigten, bereits vom Wiederholungszwang befallenen therapeutischen Beziehung heraus. Womöglich enthält der Wunsch sogar beide Bestandteile in einer dialektischen Spannung, die sich nicht restlos auflösen läßt. Feindschaft und Konkurrenz zwischen den therapeutischen Schulen jedenfalls ist sicher nicht der für eine Aufklärung und Bewältigung dieser Situation geeignete Hintergrund, obwohl sich auch hier wieder ein Ansatz für unsere Betrachtungsweise gewinnen läßt.

- These: *Die feindselige Konkurrenz zwischen Therapeuten und Schulrichtungen beraubt (ähnlich wie eine Ehe zwischen zerstrittenen, von Scheidung bedrohten Eltern das Kind) den Klienten der Möglichkeit, überlegt und im Gefühl der Geborgenheit von einer Behandlungsmethode zu einer anderen zu wechseln. Sie gibt ihm dafür die Freiheit, seine Abhängigkeit von einem perfekten Therapiesystem loszuwerden und seinen eigenen Kurs zu finden.*

14. Die Angst nach der Katastrophe von Tschernobyl

Es geschieht nicht oft, daß politische Tagesereignisse beeinflussen, was ein Psychotherapeut hört. Seine Patienten sind im allgemeinen stark mit sich selbst und ihren emotionalen Problemen beschäftigt.

An dieser Situation hat sich etwas geändert, seit der Reaktor in Tschernobyl explodierte und weite Teile Europas radioaktiv verseuchte. Die Distanz wandte sich binnen einiger Tage in tiefe Betroffenheit. Zuerst war er ein Unglücksfall wie viele andere – «schrecklich, aber was hat das mit mir zu tun?». Aber als der radioaktive Regen fiel, als die Kinder keine frische Milch mehr trinken, in keinem Sandkasten mehr spielen sollten, als in den Supermärkten die alte H-Milch wie durch Zauberei verschwand und in den Kellern der Einfamilienhäuser ganze Gebirge aus Mineralwasserflaschen und Konservenbüchsen wuchsen, war es mit dieser Distanz vorbei. Ich habe das in fünfzehn Praxisjahren noch nie so erlebt. Mit wenigen (und ihrerseits bezeichnenden) Ausnahmen waren die meisten Patienten tief betroffen und aufgewühlt. Einige Zitate:

«Ich will nicht in einer Welt leben, in der ich jeden Salatkopf, jedes Stück Fleisch mit dem Geigerzähler kontrollieren muß!»

«Was soll man den Kindern sagen ... (weint heftig). Es ist wie in einem Zukunftsfilm, der nicht mehr aufhört. Die Kinder werden in ein paar Jahren sterben, und ich muß zusehen, kann nichts machen.»

«Ich will weg, nichts wie weg. Ich wollte zu einer Freundin nach Frankreich fahren, weil dort angeblich keine Gefahr war. Und dann hat sich herausgestellt, daß die Ämter dort gelogen hatten.»

«Die Angst ist nicht einmal so schlimm. Aber ich halte es fast nicht mehr aus vor Wut, wie die Politiker reagieren, wie sie lügen und tun, als wäre nichts. Und das macht mir dann wieder am meisten Angst: daß nichts geschieht, daß alles vergessen wird!»

«Diesen Strahlenschutzexperten X würde ich auf eine Wiese binden und ihm so viel Milch in den Hals schütten, bis er platzt!» (Äußerungen aus der ersten Maiwoche 1986.)

Die Ängste durch Tschernobyl dürfen nicht als neurotisch oder hysterisch abgetan werden. Es handelt sich um Reaktionen auf eine reale, schwer abschätzbare und in ihrem Umfang bis heute weitgehend unbekannte Gefahr. Realangst läßt sich so beschreiben, daß eine Person wirklich vorhandene Gefahren wahrnimmt und versucht, überlegt auf sie zu antworten. Neurotische Angst liegt vor, wenn sich jemand vor harmlosen Dingen fürchtet – beispielsweise vor Spinnen – oder Gefahren wahrnimmt, die allgemein als relativ geringfügig eingeschätzt werden, und diese bis zur Vermeidungsreaktionen steigert. Schließlich gibt es noch die sogenannte «frei flottierende Angst», in der aus für sie unerklärlichen Gründen eine Person plötzlich von Angst überfallen wird. Oft sucht sie sekundär Erklärungen dafür. Sie fürchtet sich, daß ihr Herz stehenbleiben, sie tot umfallen, die Beine versagen könnten.

Umgekehrt gibt es auch eine *neurotische Verleugnung* oder *Veränderung* von Angst. Süchtige beispielsweise haben oft viel zuwenig Angst vor den körperlichen oder sozialen Schäden, die sie riskieren. Viele junge Motorrad- und Autofahrer gewinnen erst durch lebensgefährliche Unfälle die Realangst zurück, die sie zunächst erfolgreich verdrängt haben. Aus Abenteuerfilmen (sofern sie ein wenig psychologische Differenzierung bieten) kennen wir die Labilität der Angstverleugnung. Der *bad guy*, der behauptet, vor nichts und niemand Angst zu haben, bricht weinend zusammen, wenn er auf einmal nicht mehr der Stärkere ist, der mit der Waffe in der Hand andere ängstigen kann. Der wirkliche Held hingegen ist sich seiner Angst bewußt, gesteht sie sich zu und beherrscht sie.

Angstverleugnung ist gefährlicher als Angst. Sie gehört zu den destruktiven seelischen Mechanismen, welche die hochgerüsteten Industriegesellschaften aufrechterhalten. Die allgemeine Wehrpflicht und die Interessen der Fabriken haben ein hohes Maß an Angstunterdrückung erzwungen. Der Fabrikarbeiter darf sich vor dem drohenden Arbeitsunfall so wenig fürchten wie der Soldat. Dazu paßt, daß die Sowjetunion gegenwärtig den Heroismus der Arbeiter in Tschernobyl mit Vergleichen aus dem Krieg preist; viele Soldaten werden dort eingesetzt.

Es ist fast unanständig geworden, wenn ein mächtiger Mann zugibt, Angst zu haben. Der «innere Schweinehund» muß bekämpft werden, obwohl es gewiß vernünftiger wäre, nicht auf feindliche Gewehre zuzugehen oder – wie es Auto- und Panzerfahrer gleich nonchalant tun – sich in eine Eisenschachtel zu setzen und in Kauf zu nehmen, daß man in ihr bei lebendigem Leib geröstet wird. Frauen dürfen Angst haben. Männer sind dann Feiglinge. Diese Einstellungen beherrschen noch heute die Öffentlichkeit.

Was tun mit der Angst?

Wenn ein kleines Kind auf der Starße steht und weint, weil es sich fürchtet, kommen oft wohlmeinende Fremde auf es zu und fordern es auf, keine Angst zu haben. In der Regel fürchtet sich dann das Kind vor ihnen und weint heftiger. Dennoch wird die Erfahrung nur in seltenen Fällen diese Erwachsenen zum Nachdenken bringen. Sie werden es wohl das nächste Mal ähnlich machen und achselzukkend weitergehen, wenn sie mit ihren Beschwichtigungen nicht ankommen.

An diese Passanten erinnern mich die Politiker und Experten, die von oben herunter auffordern, keine Angst zu haben. Sie übersehen etwas sehr Wesentliches: Es ist durchaus möglich, daß eine solche Ansprache beruhigt. Aber das ist nur der Fall, wenn das ängstliche Kind (und ein solches Kind steckt in uns allen) Vertrauen in den oder die Tröster hat, wenn es glaubt, daß sie sein Bestes wollen. Aber dieses Vertrauen flößen wohl nur wenige Politiker den Ängstlichen in.

Was nach dem Super-GAU in Tschernobyl geschah, bestätigte eher Mißtrauen, als daß es Vertrauen weckte. Die Panik lag nicht auf seiten der Bevölkerung, sondern auf seiten der Machthaber. In blinder Angst vor einer «Antiatomhystrie» wurden Informationen zurückgehalten. Daß sich eine radioaktive Wolke näherte, war ohne Informationen aus Moskau bekannt. Statt nun zu empfehlen, Regen zu meiden, Kinder möglichst in den Wohnungen zu halten, Blattgemüse noch einmal zu ernten und Sandkästen abzudecken, wurde die Gefahr bagatellisiert, bis es zu spät war. Dann kamen Schutzmaßnahmen, die den Eigennutz der Mächtigen so bloßstellten, daß dem informierten Bürger gar keine andere Wahl mehr blieb, als sich taub zu stellen.

Was aber tun mit der Angst, wenn die Beschwichtigungsstatistik sie steigert, wenn die Meldungen einander widersprechen? Wie damit fertig werden, daß unser Alltag plötzlich vom Unterschied der Halbwertzeiten von radioaktivem Jod, Cäsium oder Plutonium bestimmt ist? Daß Geigerzähler ausverkauft sind und die Käufer in den Großmärkten hamstern, Wähler der «Atomparteien» und der Grünen in seltener Einigkeit?

Keine Angst vor der Angst!

Die Gefahren von Verdrängung und Verleugnung der Angst haben wir schon beschrieben. Sie soll bewußt bleiben, sonst sind die Folgen schädlicher als die so oft als Gespenst an die Wand gemalte Panik, die sich in Umweltdingen noch nie so problematisch erwiesen hat wie ihr Gegenteil: die Panikkontrolle, die Panikvermeidung, die meist das fördert, ja hervorruft, was zu vermeiden sie vorgibt. Wo ist die Menschenmenge, die Flughäfen oder U-Bahn-Schächte stürmt, weil sie sich vor dem radioaktiven Regen fürchtet? Sie existiert nur in den Köpfen der Verantwortungslosen, die mit diesem Gespenst die Bevölkerung ungewarnt diesem Regen aussetzen wollen.

Ich sehe meine Rolle als psychotherapeutischer Experte, der jetzt Rezepte ausgeben soll, wie die Bevölkerung mit der Angst vor der radioaktiven Verseuchung fertig werden soll, kritisch. Gegen die real begründete Angst können und sollen Psychologen nicht helfen

– im Gegenteil! Gegen die neurotische Angst, die ebenfalls geweckt werden kann und die durch das Informationschaos noch verstärkt wird, will ich einige Hilfen beschreiben. Sie lassen sich so zusammenfassen:

Die Angst prüfen –
Die Angst teilen –
Die Angst in Handlungen bewältigen.

Intellektuell haben die meisten von uns immer gewußt, daß eine Gefahr droht, wie sie sich jetzt in Tschernobyl ergeben hat. Harrisburg, Windscale – in weiterer Entfernung Bikini, noch länger zurück Hiroshima und Nagasaki: Die Welt hat ihre Unschuld seit langem verloren. Eigentlich sollte uns verwundern, wie gut wir das immer wieder vergessen können.

Wenn sich erweist, daß geschehen kann, was wir vage immer befürchtet haben, gewinnt die bisher abstrakte Furcht eine konkrete, sinnliche Qualität. Die Umwelt wird bedrohlich, der schöne Maitag mit den Blüten auf der Wiese und dem Fliederduft scheint wie Hohn und Spott, wie ein Trugbild.

Deshalb ist es so notwendig, zu unterscheiden, zu prüfen, was überflüssige Gefahr ist, was unausweichliches Risiko. Tölpelhafte Beschwichtigungen («einmal von München nach Hamburg mit dem Auto fahren ist zehnmal so gefährlich wie Tschernobyl») sind dabei ebenso zu vermeiden wie phobische Einschränkungen. Wir leben mit sehr vielen Belastungen und Risiken. Jedes zusätzliche ist deshalb auch eines zuviel, mag es noch so klein sein. Nur an die schlechteste Möglichkeit zu denken ist aber ebenso einseitig, wie nur an die beste.

Die Gefahr ist bis heute so gering, daß wir bereit sind, mit ihr zu leben. Vitaminmangel bleibt gefährlich. Wenn wir frisches Gemüse nicht mehr essen, weil wir überhaupt keiner Unschädlichkeitsversicherung mehr trauen, so schützen wir uns vor einem Risiko und nehmen ein anderes in Kauf. Beide Risiken zu vergleichen ist schwierig. Aber es ist ein sinnvoller Umgang mit der Angst, solche Vergleiche immer zu versuchen.

Jeder einzelne von uns ist damit freilich überfordert. Mein zweiter Vorschlag ist daher, die Angst zu teilen, Informationen auszutauschen, auf diese Weise auch Fachleute zu finden, denen man vertrauen kann. Dieser Weg aus der Angst ist nützlicher als der Einzelkämpfer-Versuch, mit Geigerzähler und Notvorrat in eine Bunkermentalität zu verfallen, in der jeder Nachbar zum potentiellen Feind wird. Es gibt genug Radiochemiker, Kernphysiker und Biologen, sicher auch genug Geigerzähler und andere Meßinstrumente, um die Gefahr rational einzuschätzen. Wir müssen nur Möglichkeiten finden, so verantwortlich mit diesen Experten und ihren Geräten umzugehen, daß wir ihnen wieder trauen können.

Tschernobyl und die Folgen haben gezeigt, daß unsere Expertengremien versagen müssen, weil sie längst abhängig geworden sind von industriellen und politischen Interessen. Wir sollten aufhören, ihnen das vorzuwerfen, und lieber versuchen, sie schrittweise zurückzugewinnen für das Wohl des Ganzen, für das Überleben unserer Kinder.

Sie können und werden dieses nur dann berücksichtigen, wenn tatsächlich die Betroffenen ihre Auftraggeber sind, nicht Interessengruppen, denen es um Macht oder Geld geht. Nicht Verzicht auf Kritik kann das Vertrauen des Bürgers wiederherstellen, nur die Konsequenzen aus dieser Kritik.

Gegen die Spätschäden durch Radioaktivität helfen eine ausgeglichene Gemütslage, Optimismus, Entspannung, ausgewogene, frische Nahrungsmittel ... Es fällt schwer, angesichts solcher (sachlich unabweisbar richtigen) Feststellungen gegenwärtig nicht in Galgenhumor zu verfallen. Dennoch sollten wir uns bewußt bleiben, daß unsere seelische Integrität (und die unserer Kinder) ebenso wichtig ist wie unsere körperliche. Ängstliche Sorge der Eltern kann zu pädagogischer Aggression führen und mehr schaden als nützen. Ein Kind spielt unbeobachtet in einem Sandhaufen. Es ist Anfang Mai 1986, ein sonniger Tag. Die Mutter kommt hinzu, reißt den Vierjährigen hoch, redet auf ihn ein. Plötzlich markerschütterndes Gebrüll: «Jetzt muß ich sterben, jetzt muß ich sterben!»

Eine andere Beobachtung: Ein Kind läuft durchs Gras, fällt hin. Die Eltern fangen an zu schimpfen: «Du weißt doch, daß es giftig ist!» Das Kind wirft sich in einem Trotzanfall zu Boden, wälzt sich im Gras. Ohrfeigen, Geschrei, Tränen. So kämpfen wir mit den Mitteln, die uns in den autoritätshörigen Atomstaat geführt haben, gegen die Folgen der zwangsläufig auftretenden Katastrophen in dieser Entwicklung.

In unserer Zeit, in der es so schwierig geworden ist, rationale Gründe für gute Überlebenschancen der Menschheit zu finden, drohen auch die Apfelbäumchen immer wieder auszugehen. Anscheinend müssen wir die alte Weisheit wieder entdecken, daß es zu einem erfüllten Leben gehört, den Tod nicht allzu tragisch zu nehmen. Es gilt, eine Art kontrollierter Panik zu vermeiden, die in Wirklichkeit das Gegenstück zur Panikkontrolle von seiten der Obrigkeit ist – eine Haltung, die durch rastlose Aktivität und puritanische Askese aufzuheben versucht, was uns in Gestalt von Hochrüstung und Atomindustrie bedroht. Ich finde, daß der besser und länger kämpfen kann, der sich auch ein Picknick am Rande des Abgrunds erlaubt, der den Duft blühender Wiesen, der Obst und Käse genießen kann, ohne sich *jedesmal* zu überlegen, wieviel Becquerel in ihnen stecken. Mir gelingt das manchmal recht gut. Aber wenn ich an die Kinder denke, verliere ich meine Ruhe wieder. Vielleicht ist das nur gut. Es wäre genauso unheilvoll, sich zu gewöhnen und zu vergessen, wie es kräftezehrend ist, immer jene milde Form von Angst um unsere Zukunft zu haben, die mit einem wohlschmeckenderen Wort «Verantwortungsgefühl» genannt wird.

Quellenhinweise

Die Faszination der Gewalt, Integrative Therapie 4/1984, S. 327–340
Der Psychoanalytiker und das Irrationale, in: H. P. Duerr (Hg.), Der Wissenschaftler und das Irrationale, Frankfurt (Syndikat) 1982
Autorität in den Helfer-Berufen, Westermanns Pädagogische Beiträge 8/1984, S. 330–332
Von Ödipus zu Narziß, Teilabdruck von ca. der Hälfte des Texts im FAZ-Magazin 21/1985
Der Aufschieber. Rundfunksendung für den Hessischen Rundfunk; Teilabdruck in FAZ-Magazin 34/1985
Über den Mißbrauch der Gefühle in der Politik, Abdruck einzelner Abschnitte in natur, 5–9/1985
Dialektik in der Psychotherapie, in: Partnerberatung 2/1980, S.100
Die Angst nach der Katastrophe von Tschernobyl, in natur, 7/1986.